Cuisine d'aujourd'hui

Véronique de Meyer
Photographies Michel de Meyer

LA CUISINE AUX FLEURS

Flammarion

Avant-propos 4

Comment choisir les fleurs ? 5

RECETTES

Aspic de poulet à la citronnelle 6

Alcool de chèvrefeuille 7

Artichaut farci au tartare de saumon 8

Beignets aux hostas et riz aux fruits secs 10

Beignets au magnolia 10

Beurre aux soucis 12

Biscuits aux géraniums 14

Boutons de soleil à la vapeur et moutarde à l'ancienne 16

Carpaccio de lotte aux tagètes 18

Cassata de kiwis et campanules 20

Chèvre frais au caramel de pâquerettes 22

Chiffonnade de poulet à la sauge 24

Chop-choy végétal de chrysanthèmes et de soja 26

Confit de fleurs de basilic 28

Consommé aux fleurs de ciboulette et crevettes géantes 28

Crème anglaise à la bruyère 30

Farandole de trois fromages à la fleur de roquette 32

Figues fraîches à la crème aux œillets 34

Fleurs de courgette farcies à la mousse de saumon 36

Fondants à la fleur de menthe 38

Fromage frais aux poires en corolle de rose trémière 40

MAQUETTE : Sylvie Creuze / Studio Flammarion

© Flammarion 2000, pour l'édition originale en langue française
ISBN : 2-0820-3107-1
Dépôt légal : avril 2000

Sommaire

Fromage frais aux fleurs de trèfle — 40

Gelée de sureau aux fraises et fuchsias — 42

Gelée de pétales de roses — 44

Huile à la monarde — 46

Infusion à la valériane — 48

Limonade au sirop de fleur de sureau — 49

Méli-mélo de betteraves rouges, harengs et fleurs de fenouil — 50

Miel aux pissenlits — 52

Pâtes tièdes à l'onagre — 54

Pensées cristallisées — 56

Pétillant à la bourrache — 56

Ratafia de pommes à la camomille — 58

Salade de saumon et de flétan fumé aux fleurs d'aneth — 60

Salade de capucines au chou et lardons — 62

Salade de champignons aux dahlias — 62

Salade aux graines et pétales de pavots — 64

Salade de melons aux phlox cristallisés — 66

Sirop d'hibiscus — 68

Sorbet de fleurs d'angélique et son confit — 70

Sucre à la lavande — 72

Trifle aux fruits de la passion et aux passiflores — 74

Vichyssoise de concombre aux bégonias — 76

Vinaigre à l'achillée — 78

Index des fleurs utilisées — 80

Avant-propos

Dans ce livre, nous vous proposons des recettes à base de fleurs disponibles au fil des saisons, que ce soit dans les jardins et les parcs ou aux abords des sentiers et routes de campagne, d'autres nous sont moins familières.

Pour toutes les fleurs proposées, nous vous suggérons des idées de préparations qui apporteront gaieté et saveurs sur votre table. Vous trouverez des recettes d'entrées, de plats et de desserts, mais aussi de boissons, de conserves et sucreries correspondant aux saisons. Ces recettes sont classées par ordre alphabétique de fleurs.

Certaines sont plus faciles que d'autres mais toutes vous offriront, en plus du plaisir gustatif, un « beau » sujet de conversation indéniablement lié aux saisons.

Comment choisir les fleurs ?

Il est primordial de s'assurer que la variété de fleurs dont vous disposez est comestible, certaines plantes étant toxiques. Si vous cueillez des fleurs sauvages, il est important de vérifier qu'il ne s'agit pas d'espèces protégées. Référez-vous à un guide botanique sérieux ou adressez-vous à un pharmacien en cas de doute.

Choisissez toujours les variétés de fleurs parfumées : une gelée aux pétales de rose qui ne dégagent pas de parfum ne sera pas plus odorante après préparation.

Attendez 12 à 15 jours avant de cueillir les fleurs ayant subi un traitement chimique (il en va de même pour les légumes).

Ne consommez jamais les fleurs achetées chez un fleuriste : elles ont été traitées dans le but d'améliorer leur conservation.

Choisissez des fleurs écloses du jour – ou de la veille – pour qu'elles conservent un maximum de parfum. Cueillez-les de préférence le matin, par temps sec.

Aspic de poulet à la citronnelle

Pour 8 personnes

4 doubles blancs de poulet crus
1 litre de bouillon de poule
4 feuilles de gélatine
2 blancs de poireaux
1 poignée de fleurs
et jeunes feuilles de citronnelle

Chauffez le bouillon et faites-y cuire les blancs de poulet pendant 6 minutes.

Sortez-les de la casserole, laissez tiédir et coupez-les en morceaux.

Coupez les blancs de poireaux en rondelles et incorporez-les au bouillon chaud. Laissez infuser 30 secondes, sortez-les, égouttez-les.

Ajoutez les fleurs et feuilles de citronnelle au bouillon.

Faites ramollir la gélatine dans un fond d'eau et faites-la fondre dans le bouillon.

Transvasez 1 cm de bouillon dans un moule à aspic et laissez prendre au réfrigérateur.

Versez ensuite une couche de poireau, couvrez de bouillon et remettez au réfrigérateur 30 minutes.

Ajoutez une couche de viande dans le moule et couvrez de bouillon.

Remplissez ainsi le moule de couches alternées, en faisant prendre à chaque fois.

Laissez prendre votre aspic au moins 1 nuit avant de démouler.

Servez avec une mayonnaise relevée et une salade verte.

Pour démouler facilement cette préparation, il suffit de tremper brièvement le moule dans de l'eau chaude, de poser un plat de service dessus et de retourner les 2 en même temps.

Alcool de chèvrefeuille

Pour 1/2 litre

16 fleurs de chèvrefeuille
1/2 litre d'alcool blanc neutre

Mettez 4 fleurs dans une jolie carafe et versez l'alcool dessus.

Changez 4 fois de suite les fleurs (environ tous les 4-5 jours).

Vous pouvez laisser les dernières fleurs environ 4 semaines. Passé ce délai, elles peuvent devenir transparentes et rendre votre alcool trouble.

Cet alcool se sert avec le café.

Si vous préférez un alcool plus sucré, vous pouvez ajouter du sucre cristallisé ou du sirop de canne à sucre.

Artichaut farci au tartare de saumon

Pour 4 personnes

4 beaux artichauts

1 citron + 1 jus de citron
pour les fonds et le tartar

1 petit bouquet de ciboulette

300 grammes de filet
de saumon cru sans peau

1 échalote

1 décilitre de crème fraîche

1 cuillerée à café de poivre rose

1 cuillerée à soupe
d'huile d'olive

Poivre du moulin

Faites cuire les artichauts dans une eau légèrement salée pendant 45 minutes ou à l'autocuiseur pendant 10 minutes en ajoutant le citron coupé en 4 parts.

Laissez-les refroidir et ôtez délicatement le cœur et le foin, sans abîmer le reste de la fleur.

Réservez au réfrigérateur après avoir versé un peu de jus de citron dans chaque fond.

Coupez le filet de poisson en fines tranches, puis en lanières. Mélangez-le au jus de citron et à l'huile d'olive.

Parfumez le poisson avec le poivre rose, l'échalote hachée finement, la ciboulette ciselée, la crème fraîche et le poivre fraîchement moulu.

Réservez le tartare au réfrigérateur.

Dressez le tartare dans les artichauts au dernier moment et servez aussitôt.

Cette recette peut aussi se faire avec d'autres poissons tels que le thon ou le flétan.

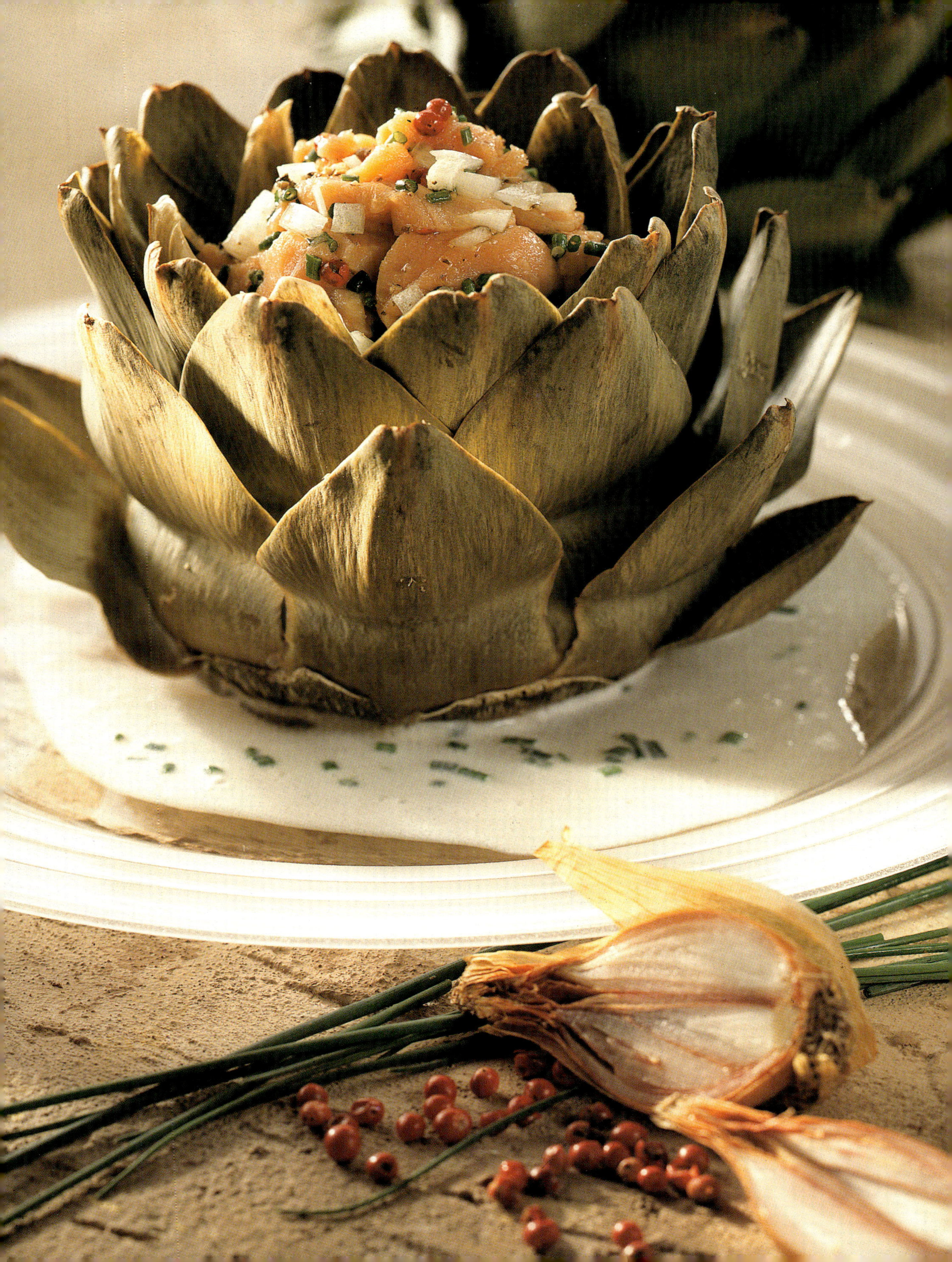

Beignets aux hostas et riz aux fruits secs

[PHOTO CI-CONTRE]

Faites roussir l'oignon dans le beurre. Versez-y le riz et remuez le tout.

Hachez les abricots et les figues grossièrement.

Parfumez le riz avec la cannelle, les raisins secs, les fruits hachés et le miel.

Préparez votre pâte à beignet en mélangeant l'œuf, l'eau et la farine.

Trempez les tiges d'hostas dans la pâte et faites-les frire dans un bain d'huile très chaud.

Égouttez les beignets sur du papier absorbant puis servez-les avec le riz tiède.

Beignets au magnolia

Pour 4 personnes

16 fleurs de magnolia
2 œufs
100 grammes de farine
1 bière blonde
Sucre glace

Effeuillez les fleurs pour ne garder que les pétales.

Faites la pâte avec les œufs, la farine et la bière. Laissez-la reposer 15 minutes au réfrigérateur.

Passez les pétales à l'aide de 2 fourchettes dans la pâte et faites frire dans l'huile bien chaude.

Égouttez sur du papier absorbant, saupoudrez de sucre et servez.

Pour 4 personnes

Pour les beignets

8 tiges de fleurs d'hostas
1 œuf entier
2 décilitres d'eau froide
4 cuillerées à soupe de farine

Pour le riz

100 grammes de riz long cuit
1 oignon haché
50 grammes de beurre
1 pincée de cannelle
4 cuillerées à soupe de raisins secs
2 cuillerées à soupe d'abricots secs
2 cuillerées à soupe de figues séchées
2 cuillerées à soupe de miel liquide

Beurre aux soucis

① Mélangez beurre et soucis effeuillés.

② Coupez des tranches dans le beurre raffermi.

③ Servez ces tranches comme beurre d'accompagnement.

Pour 250 grammes

20 soucis
250 grammes de beurre

Faites ramollir le beurre dans un saladier à température ambiante pour qu'il soit malléable.

Effeuillez les soucis et parsemez-en le beurre.

Mélangez à l'aide d'une fourchette.

Formez-en un rouleau et emballez-le dans du film alimentaire ou papier aluminium.

Laissez raffermir au réfrigérateur jusqu'au moment de servir. Comptez 1 heure minimum.

Coupez des tranches et servez comme beurre d'accompagnement sur du pain, une grillade ou encore une pomme de terre en chemise.

Cette recette s'applique à beaucoup de fleurs telles que capucines, fleurs de ciboulette et toutes les fleurs des condiments. Vous pouvez congeler ces beurres pour conserver les saveurs d'été tout au long de l'hiver.

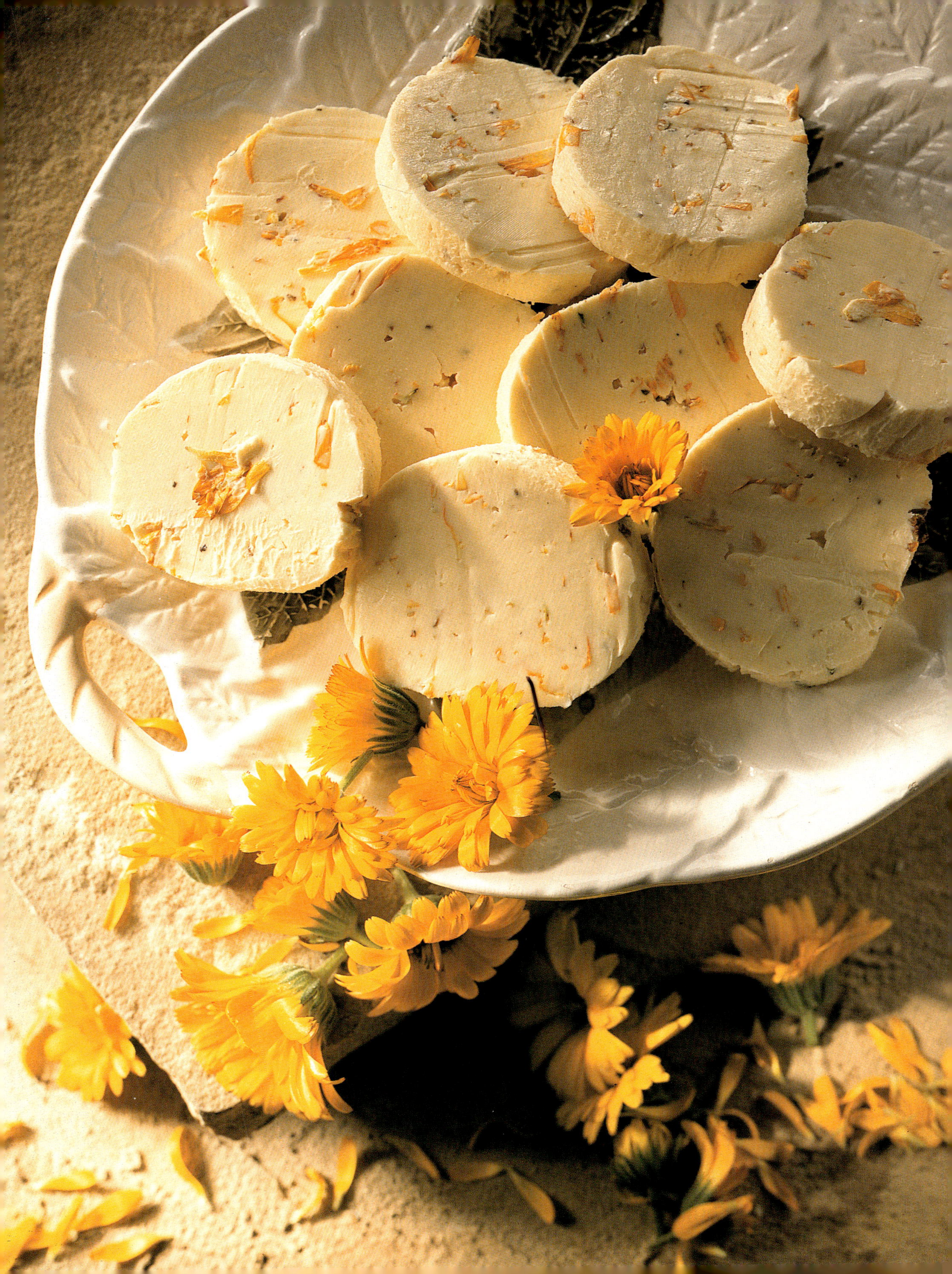

Biscuits aux géraniums

1 Mélangez la farine, le sel, le sucre et le beurre.

2 Formez une boule de pâte.

3 Coupez le rouleau en tranches de 1 cm avant de faire cuire.

Pour 20 sablés

350 grammes de farine

125 grammes de sucre cristallisé

250 grammes de beurre ramolli

2 cuillerées à soupe de pétales de géranium hachées

1 pincée de sel

Tamisez la farine dans un bol. Ajoutez le sel, le sucre, le beurre et travaillez le tout avec les doigts pour obtenir une pâte homogène.

Aplatissez la pâte avec les mains sur un plan de travail légèrement fariné et saupoudrez de pétales.

Repliez les bords vers l'intérieur, de façon à bien enfermer les pétales. Formez une boule de pâte et pétrissez pour bien mélanger les pétales à toute la masse.

Laissez reposer au réfrigérateur pendant 1 heure.

Formez-en ensuite un gros rouleau et coupez des tranches de 1 cm.

Faites cuire les biscuits sur du papier sulfurisé pendant 5 minutes à 180 °C.

Ces biscuits se conservent dans une boîte hermétique pendant 8 jours.

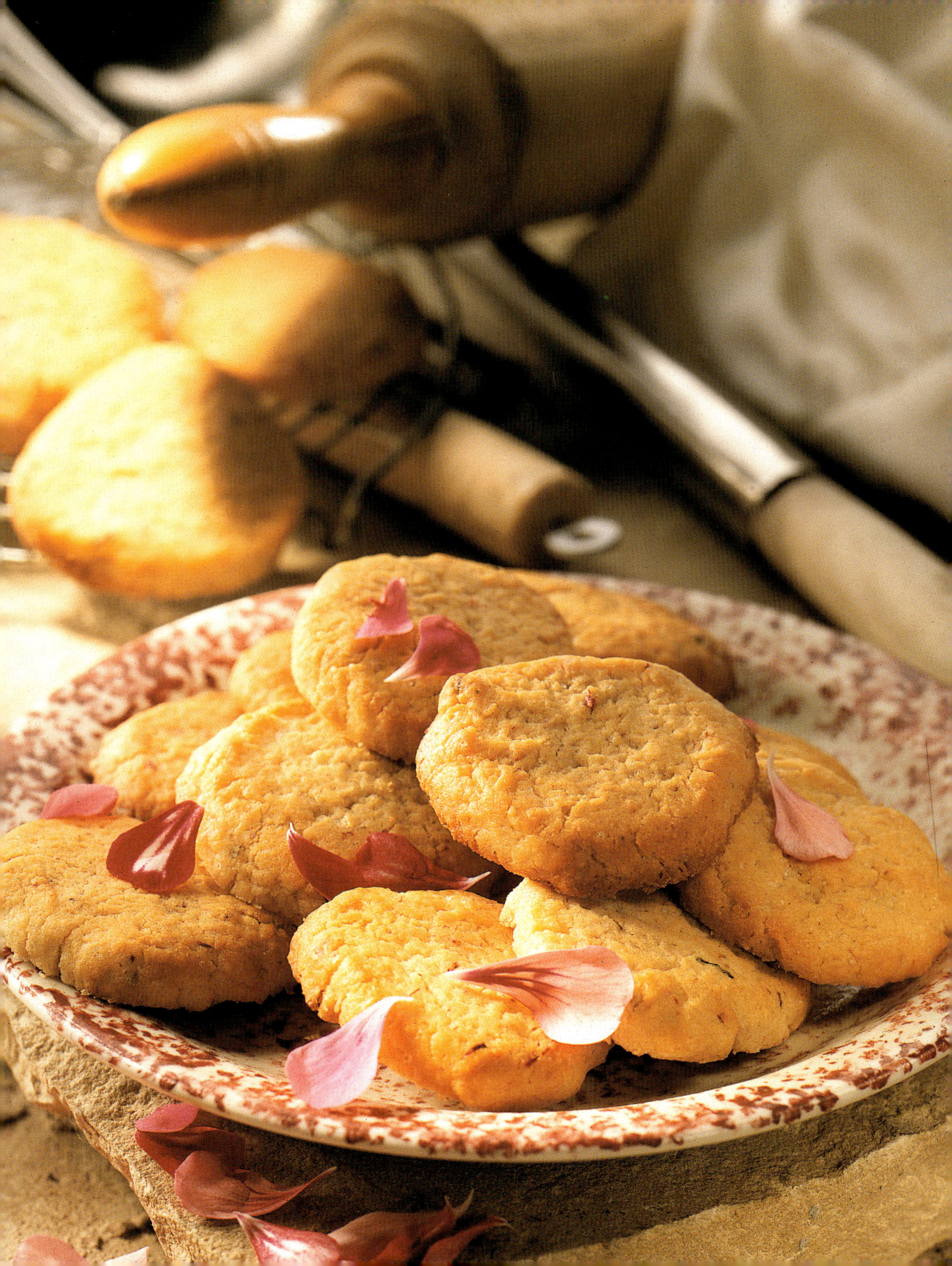

Boutons de soleil à la vapeur et moutarde à l'ancienne

Pour 4 personnes

4 grands ou 8 petits boutons de soleil

2 décilitres de bouillon de volaille

1 verre de vin blanc

Pour la sauce

5 cuillerées à soupe de moutarde à l'ancienne

2 cuillerées à soupe de graines de tournesol pelées et grillées

Coupez la tige des boutons près de la corolle. Ne gardez que les jeunes feuilles tendres à la base.

Mélangez le vin au bouillon et portez à ébullition.

Posez les fleurs, la tige vers le haut, dans le panier du cuit-vapeur.

Versez-y le mélange bouillon-vin et faites cuire 10 minutes pour les petits boutons, 15 minutes pour les grands (vérifiez leur tendreté avec une fourchette).

Réservez au chaud et faites réduire encore de moitié le mélange bouillon-vin.

Incorporez la moutarde et les graines de tournesol.

Versez la sauce sur les boutons cuits et servez aussitôt.

Moins les boutons sont ouverts, plus la saveur est délicate.

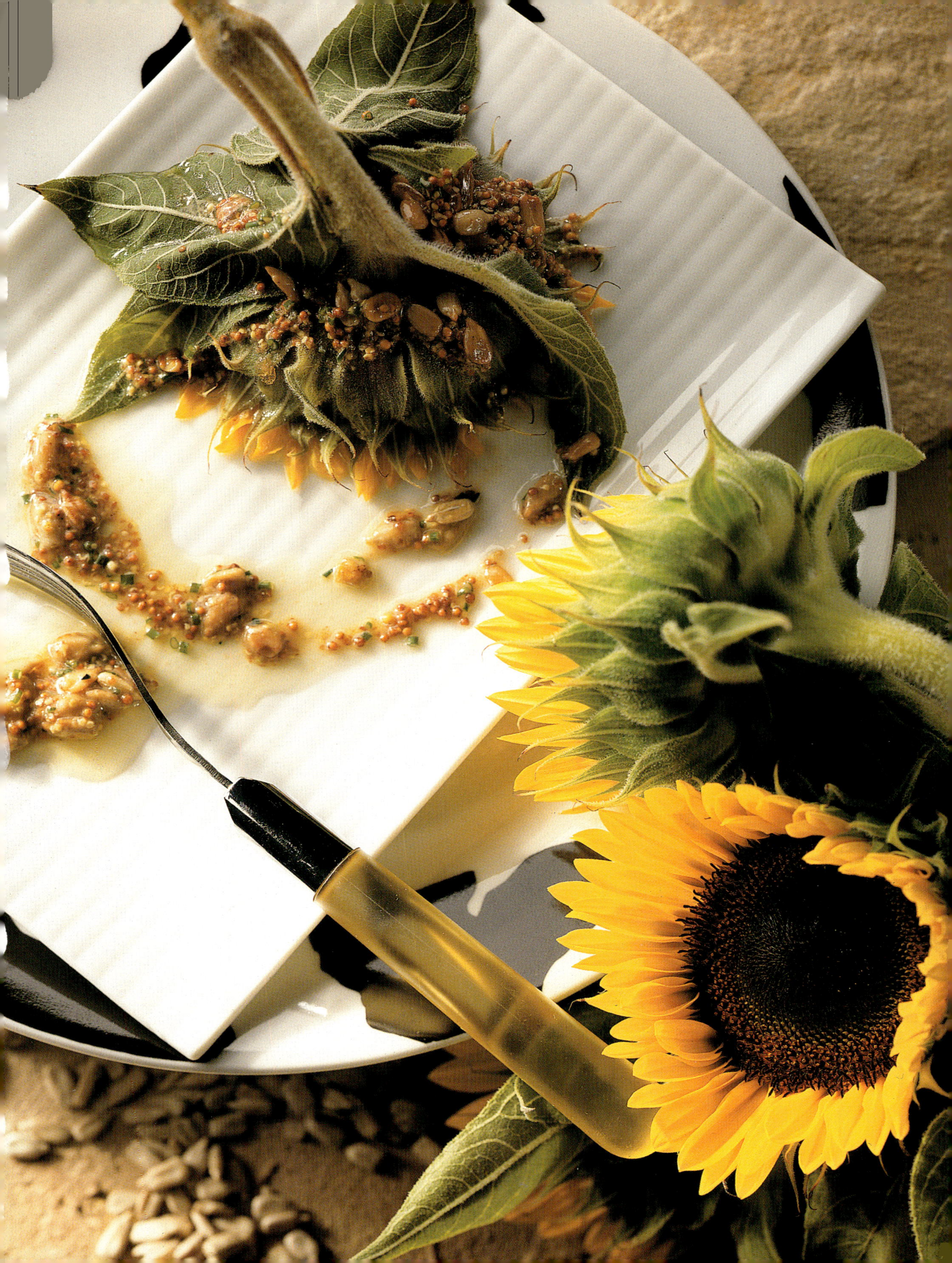

Carpaccio de lotte aux tagètes

Pour 4 personnes

600 grammes de filet de lotte
2 carottes
1 cuillerée à soupe d'huile d'olive
1 cuillerée à soupe de sucre cristallisé
8 cuillerées à soupe d'huile de noix
Poivre du moulin
8 tagètes
Jus d'1 citron vert

Rafraîchissez la lotte pendant 15 minutes au congélateur pour qu'elle soit bien ferme.

Pelez et râpez les carottes.

Chauffez l'huile dans une poêle et incorporez les carottes et le sucre.

Faites cuire rapidement en remuant tout le temps. Comptez 1 minute à 1 minute 30 et laissez tiédir.

Coupez la lotte en fines tranches et dressez-les sur le plat ou les assiettes.

Effeuillez les tagètes et mélangez-les avec l'huile de noix et le jus de citron. Versez cette préparation sur le poisson et parfumez avec le poivre.

Réservez au réfrigérateur 15 minutes et décorez ensuite avec les carottes que vous disposez au centre.

Servez ce plat bien frais avec du pain de campagne grillé.

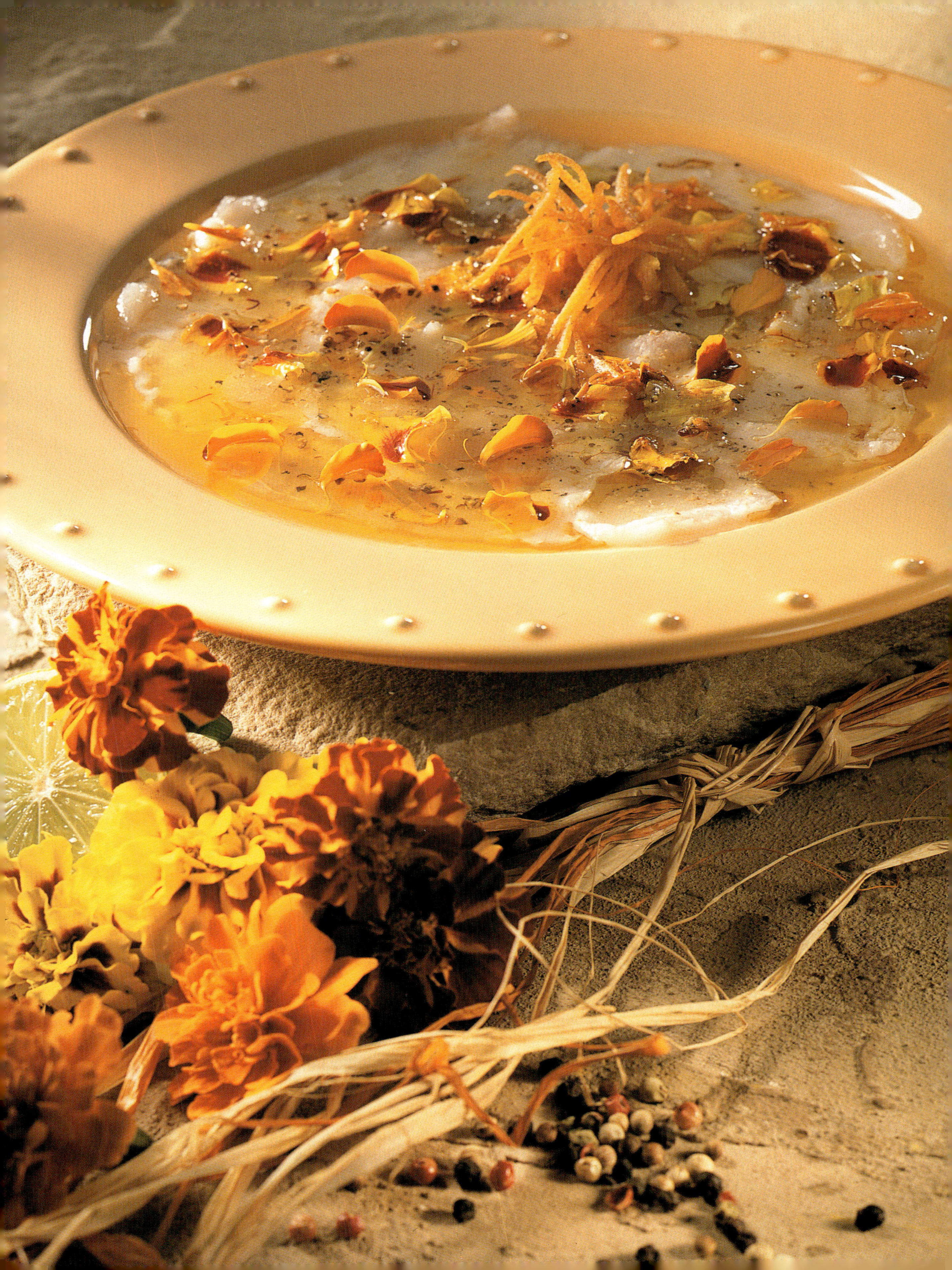

Cassata de kiwis et campanules

1 Pelez les kiwis et coupez-les en morceaux.

2 Faites fondre le sucre dans l'eau à feu doux.

3 Mélangez le sirop au coulis.

Pour 4 personnes

6 kiwis bien mûrs
100 grammes de sucre cristallisé
3 poignées de fleurs de campanules
1 jus de citron
1 blanc d'œuf

Pelez les kiwis, coupez-les en morceaux et passez la chair au mixeur afin d'obtenir un fin coulis.

Faites fondre le sucre dans l'eau à feu doux et versez le jus de citron pour obtenir un sirop.

Mélangez ce sirop au coulis, puis incorporez délicatement le blanc d'œuf battu en neige.

Mettez le tout au congélateur et faites prendre la cassata pendant 15 minutes. Remuez à l'aide d'une fourchette et remettez au congélateur.

Recommencez cette opération jusqu'à obtention de copeaux de glace. Comptez environ 1 heure.

Dressez la cassata en couches dans des coupes en alternant avec les fleurs et servez aussitôt.

Cette recette se prépare aussi à l'aide d'une sorbetière, mais il est important de vérifier souvent la consistance pour obtenir une vraie cassata.

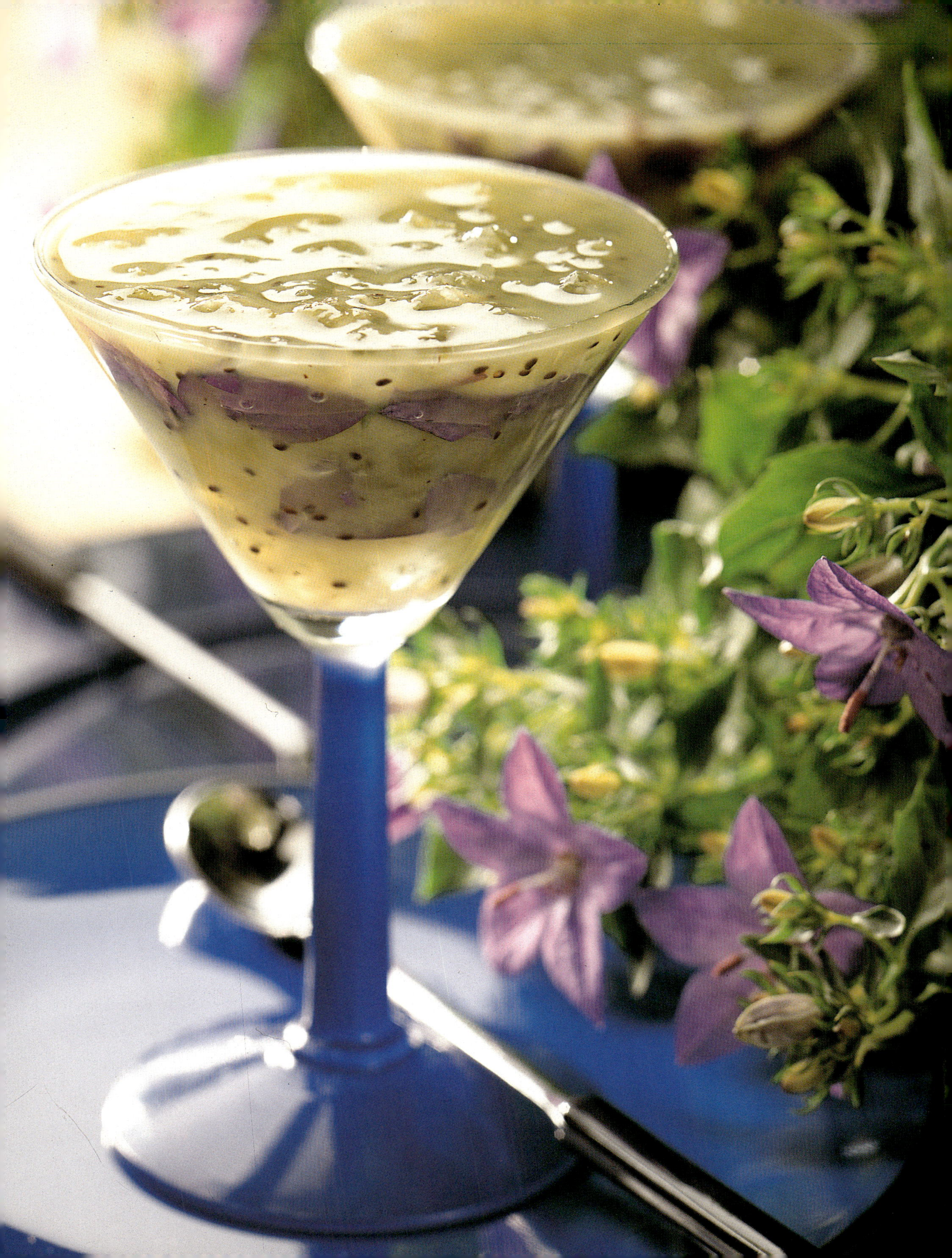

Chèvre frais au caramel de pâquerettes

Pour 4 personnes

20 pâquerettes bien ouvertes

1 fromage de chèvre frais de 400 grammes

4 tranches de pain au levain

200 grammes de sucre cristallisé

2 décilitres d'eau

Effeuillez les fleurs et réservez-les.

Coupez le fromage en tranches ou tartinez-en le pain s'il est trop mou.

Faites fondre le sucre dans l'eau et laissez cuire jusqu'à obtention d'un caramel blond.

Ôtez du feu et ajoutez les pétales.

Versez sur le fromage et servez aussitôt.

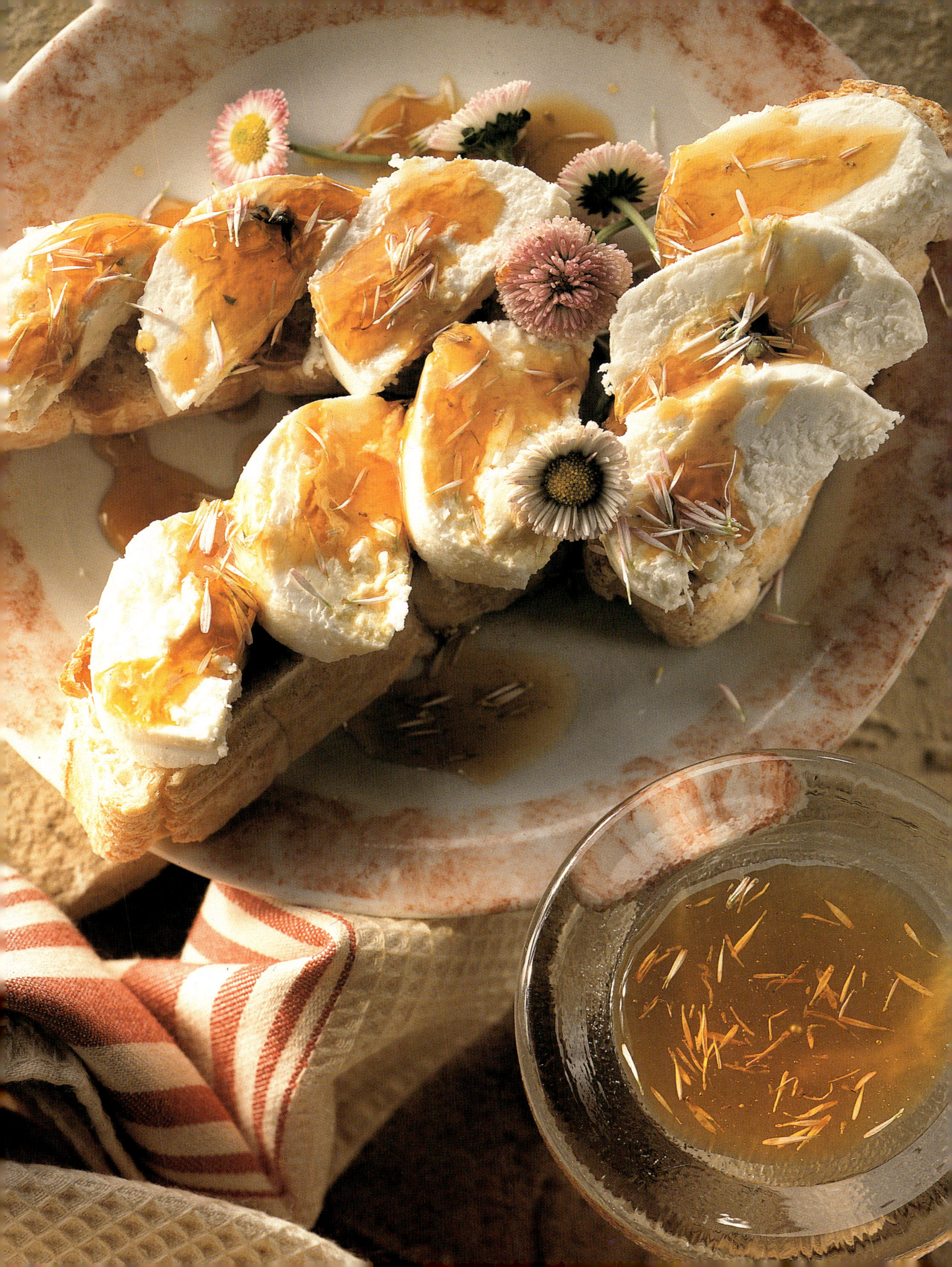

Chiffonnade de poulet à la sauge

Pour 4 personnes

600 grammes de filet de poulet cuit

1 cœur de laitue frisée

1 petit bouquet de fleurs de sauge

1 cuillerée à soupe de feuilles de sauge fraîche

4 tomates bien mûres

1 gros oignon

2 gousses d'ail

3 morceaux de sucre

2 cuillerées à soupe d'huile d'olive

Poivre, sel

Pelez et hachez l'oignon et faites-le cuire dans l'huile.

Coupez les tomates en morceaux et ajoutez-les dans la casserole avec le sucre, quelques fleurs et feuilles de sauge, l'ail, le poivre et le sel.

Faites cuire 20 minutes et passez dans un chinois ou un tamis fin.

Ajoutez-y quelques fleurs et laissez tiédir.

Mettez le filet de poulet 20 minutes au congélateur pour le raffermir et coupez-le ensuite en fine chiffonnade.

Lavez le cœur de laitue et dressez le sur le plat.

Posez le poulet dessus et décorez avec les fleurs de sauge restantes.

Servez le coulis tempéré dans une saucière à part.

Pour la photo, nous avons utilisé, en plus des fleurs de sauge, des pensées et hampes de cumin pour la décoration.

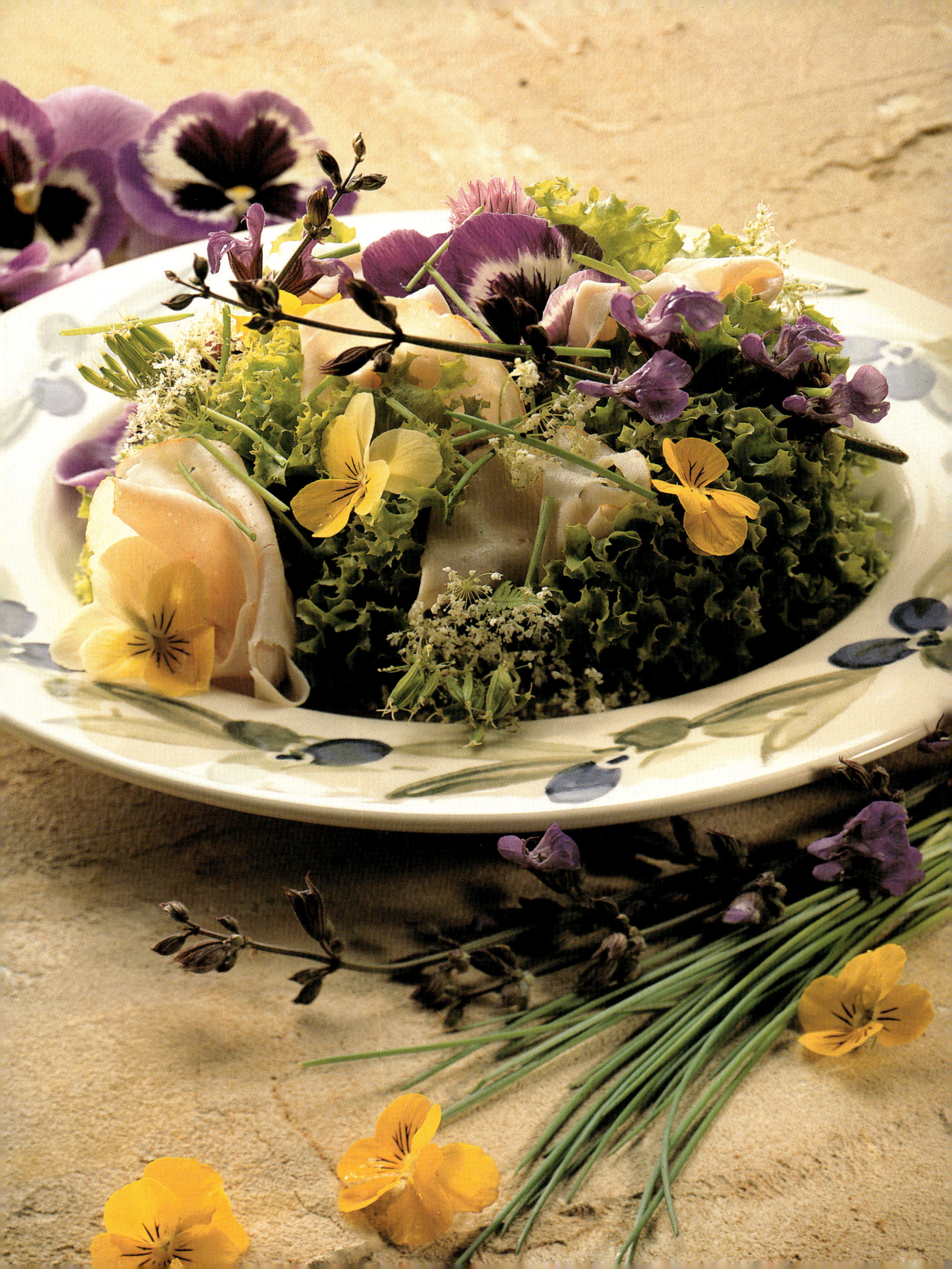

CHRYSANTHÈME

Chop-choy végétal de chrysanthèmes et de soja

① Coupez les carottes en bâtonnets.

② Faites chauffez l'huile pour y faire dorer l'oignon.

③ Incorporez les carottes, le sucre et la sauce soja.

④ Saupoudrez des graines de sésame et des pétales de chrysanthème.

Pour 4 personnes

4 grosses carottes

1 oignon

2 cuillerées à soupe d'huile d'olive

1 cuillerée à soupe de sauce soja

1 cuillerée à soupe de sucre cristallisé

200 grammes de jets de soja

4 cuillerées à soupe de graines de sésame

8 fleurs de chrysanthème

Chauffez l'huile et faites-y dorer l'oignon coupé en tranches.

Incorporez les carottes pelées et coupées en bâtonnets, le sucre et la sauce soja. Faites cuire pendant 5 minutes en remuant continuellement.

Ajoutez les jets de soja et faites cuire 1 minute.

Saupoudrez des graines de sésame, des pétales de chrysanthème et servez chaud ou tiède.

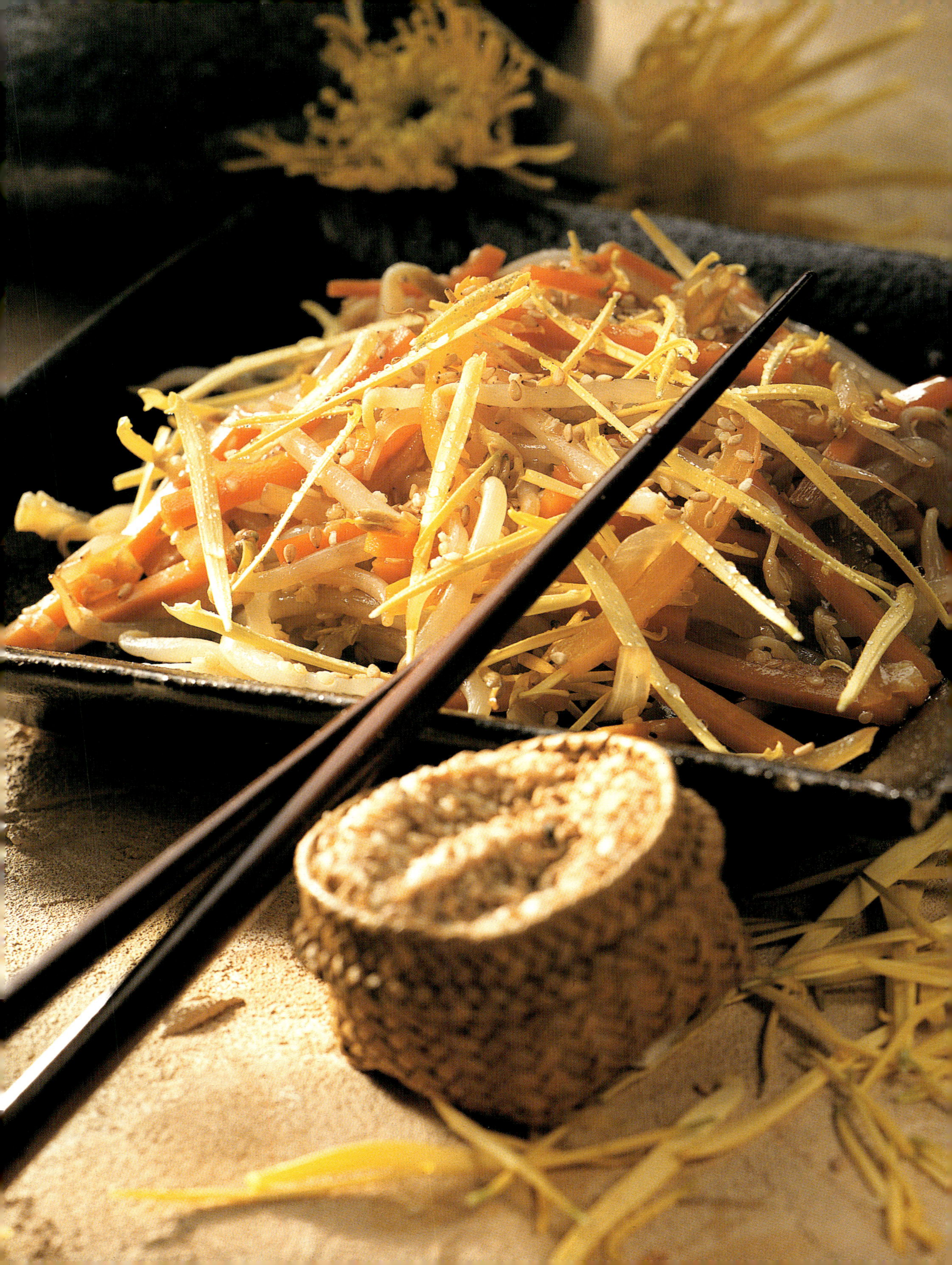

CIBOULETTE

[PHOTO CI-CONTRE]

Consommé aux fleurs de ciboulette et crevettes géantes

Mettez tous les ingrédients du consommé dans un grand faitout et couvrez. Portez à ébullition et faites cuire à feu doux pendant 2 heures.

Laissez infuser au réfrigérateur pendant une nuit.

Filtrez le jour suivant.

Pour obtenir un bouillon parfaitement transparent, il faut le filtrer au moins 3 fois !

Pour le dégraisser, il suffit de laisser le bouillon au réfrigérateur pour que le gras se solidifie et soit facile à retirer.

Au moment de servir, réchauffez le bouillon et ajoutez-y les crevettes décortiquées et les tiges de fleurs coupées en morceaux de 2 cm.

Laissez cuire à feu doux pendant 2 minutes.

Versez dans des bols ou assiettes et décorez avec les fleurs.

Confit de fleurs de basilic

Posez 1/3 des fleurs et feuilles dans le fond d'un pot. Salez.

Répétez cette opération 2 fois.

Versez les 2 décilitres d'huile.

Poussez à l'aide d'une fourchette les feuilles et fleurs au fond du pot de façon à évacuer les bulles d'air.

Laissez reposer au moins 15 jours avant son utilisation mais vérifiez-bien les premiers jours que toutes les feuilles et fleurs soient bien au fond du pot.

Ce confit parfume délicatement les pâtes, viandes grillées, soupes et sauces.

Pour 4 personnes

Pour le consommé

1 poulet
3 litres d'eau froide
1 blanc de poireau
1 branche de céleri vert
1 carotte
1 oignon
2 feuilles de laurier
1 gros bouquet de ciboulette
Sel

Pour la garniture

16 crevettes géantes crues
16 fleurs de ciboulette sur tige

Pour 1/4 de litre

150 grammes de fleurs et petites feuilles de basilic
10 grammes de gros sel de mer
2 décilitres d'huile d'olive

Crème anglaise à la bruyère

Pour 1/2 litre

3 œufs entiers + 3 jaunes d'œufs
200 grammes de sucre cristallisé
50 grammes de fleurs de bruyère
1/4 litre de lait
1 décilitre de crème Chantilly

Broyez le sucre avec les fleurs au mortier ou au mixeur.

Battez ensuite les œufs entiers, les jaunes et le mélange sucre/fleurs, pour obtenir un appareil crémeux, lisse et blanc.

Faites chauffer le lait et ajoutez-le au mélange en battant continuellement.

Reversez le tout dans la casserole de lait et faites prendre à feu moyen en battant tout le temps.

Quand la crème a la bonne consistance, ôtez-la du feu et laissez tiédir.

Ajoutez-y ensuite la chantilly.

Servez cette crème avec des biscuits ou un gâteau au chocolat.

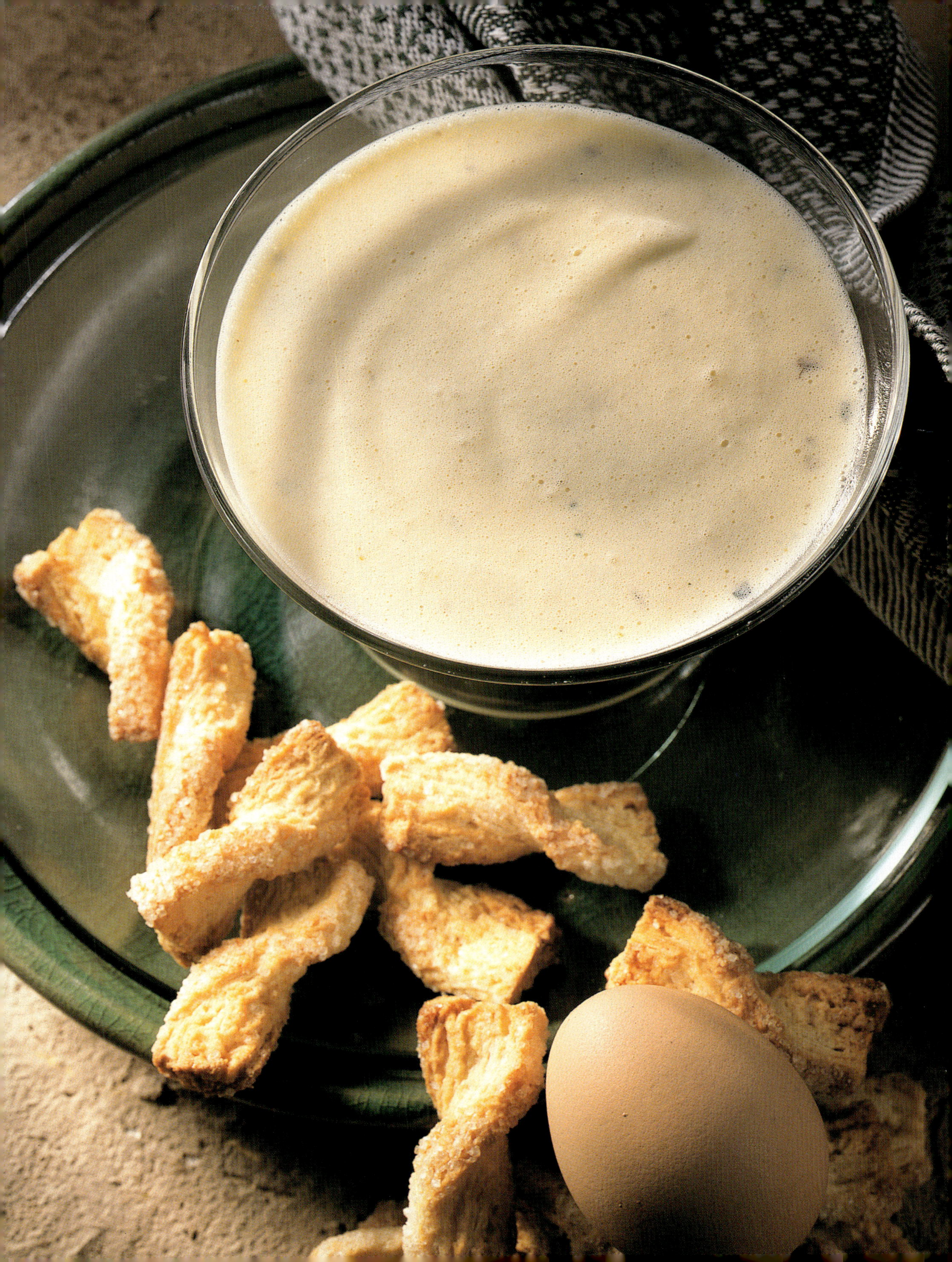

Farandole de trois fromages à la fleur de roquette

Pour 4 personnes

Comptez au total 500 grammes de fromage dont :
- du fromage mi-vieux type hollandais
- du chèvre frais ferme
- du bleu d'Auvergne

10 fleurs de roquette

100 grammes de feuilles de roquette

Pour la sauce

8 cuillerées à soupe d'huile de noix

3 cuillerées à soupe de vinaigre de vin rouge

3 cuillerées à soupe d'herbes vertes fraîches hachées

1 cuillerée à soupe de sucre cristallisé

2 cuillerées à soupe de pignons de pin

Poivre du moulin

Mélangez l'huile, le vinaigre, les herbes, le poivre et le sucre cristallisé.

Ajoutez les pignons.

Réservez au réfrigérateur.

Ôtez la croûte des fromages et coupez-les en dés de taille égale. Mêlez-les délicatement.

Dressez les feuilles de roquette dans le fond du plat et ajoutez les dés de fromage.

Versez-y la sauce et décorez avec les fleurs juste avant de servir.

Cette salade accompagnera délicieusement toute grillade d'agneau ou de mouton. Celle-ci pourra remplacer votre traditionnel plateau de fromages.

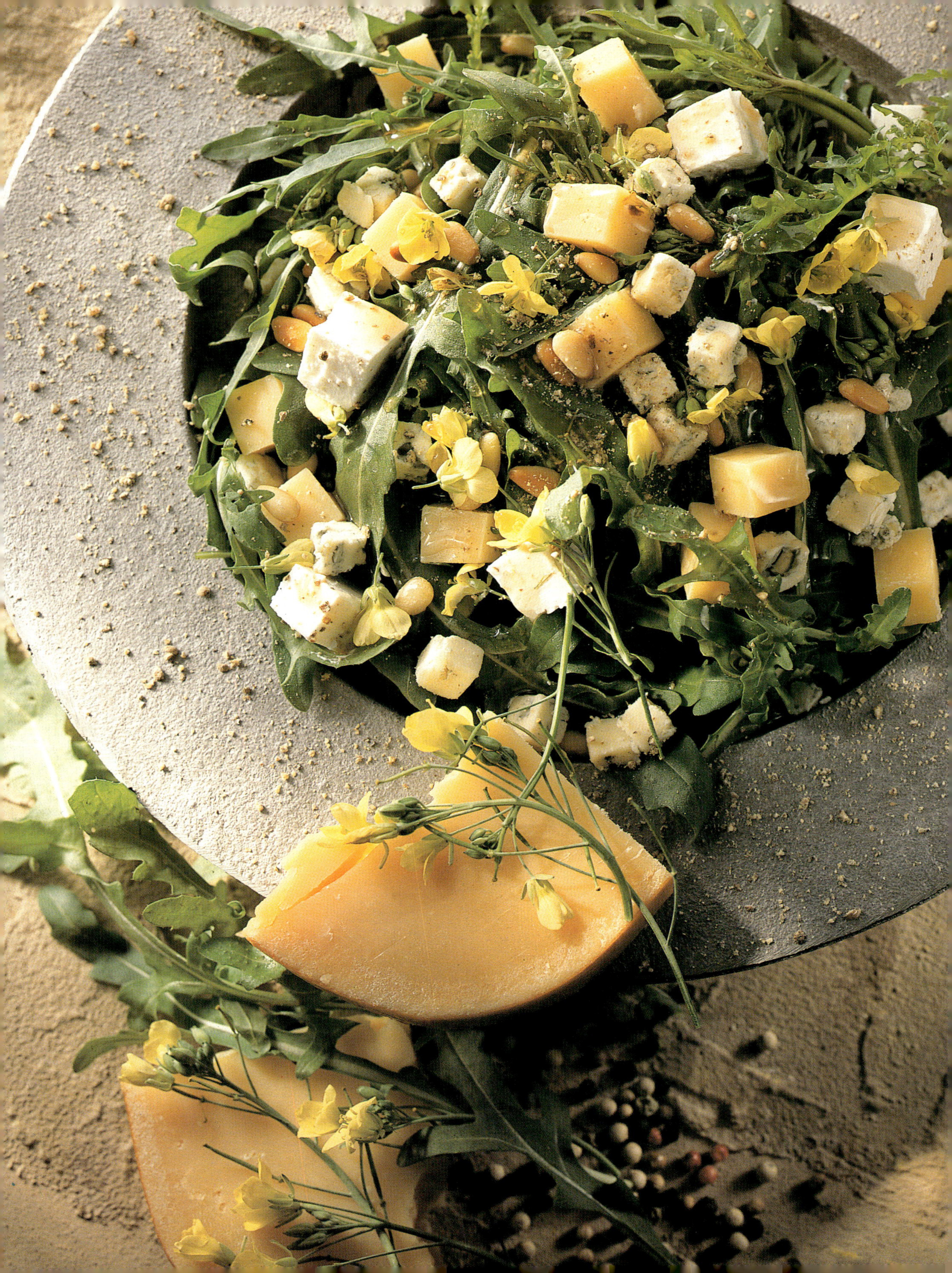

ŒILLET

Figues fraîches à la crème aux œillets

Pour 4 personnes

8 figues fraîches bien mûres
4 décilitres de crème fraîche
8 poignées de pétales d'œillet
4 cuillerées à soupe de sucre à la vanille

Rafraîchissez les figues pendant 4 heures au réfrigérateur avant de les couper en 4 sans entamer la base.

Posez-les sur un plat de service ou sur les assiettes.

Battez la crème légèrement avec le sucre.

Ajoutez les pétales et versez la crème sur les figues.

Servez aussitôt.

Vous pouvez aussi réaliser cette recette avec un sucre parfumé à la lavande.

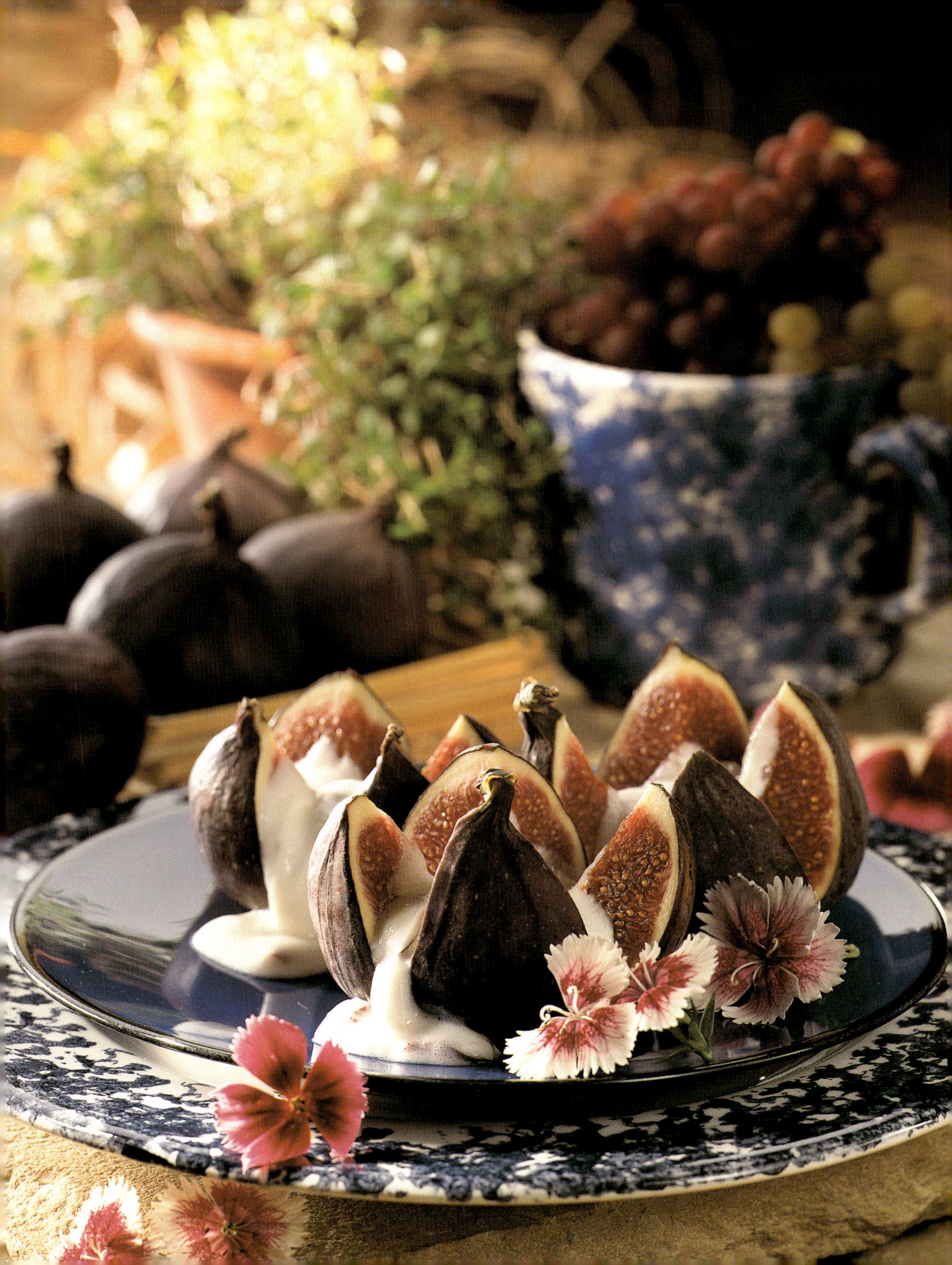

Fleurs de courgette farcies à la mousse de saumon

Pour 4 personnes

8 fleurs de courgette

400 grammes de filet de saumon cru

2 blancs d'œufs

2 décilitres de crème fraîche

1/4 litre de fumet de poisson

Pour la sauce

1 décilitre de crème fraîche

1 jus de citron

4 cuillerées à soupe de dés de chair de tomate

Poivre

Passez le poisson au mortier ou au mixeur et réduisez-le en purée. Pour une texture plus délicate, vous pouvez le repasser au tamis fin.

Ajouter un à un les blancs d'oeufs, puis la crème. Il faut obtenir une pâte homogène.

Mettez-la dans une poche à douille et farcissez-en les fleurs.

Faites-les cuire à la vapeur du fumet pendant 4 minutes.

Dressez les fleurs directement sur les assiettes de service et réservez-les au chaud.

Faites réduire le fumet de moitié, incorporez-y la crème. Ajoutez poivre et citron selon votre goût.

Versez cette sauce autour des fleurs et décorez de dés de tomate.

Ce plat se sert chaud ou froid.

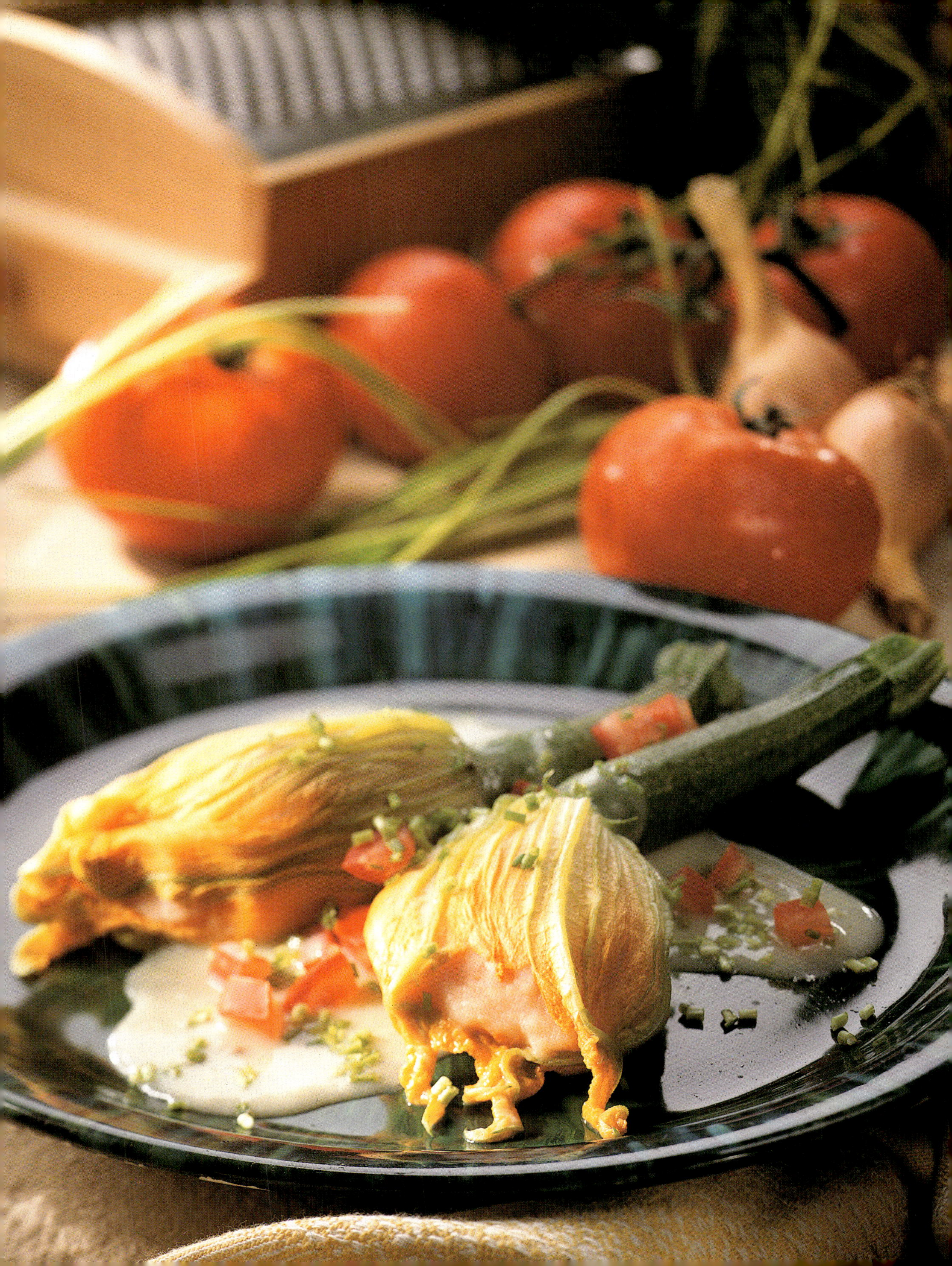

MENTHE

1 Hachez les fleurs et mélangez-les au sucre.

2 Façonnez des boulettes de la taille d'un oeuf de caille.

3 Laissez-les sécher sur une grille.

Pour 30 fondants

600 grammes de sucre glace
2 blancs d'œufs
3 cuillerées à soupe de fleurs de menthe

Fondants à la fleur de menthe

Hachez les fleurs et mélangez-les au sucre.

Incorporez les blancs d'œufs et pétrissez jusqu'à obtention d'une masse lisse que vous roulez en boule.

Façonnez des boulettes de la taille d'un œuf de caille et posez-les sur un plan de travail bien sec.

Aplatissez-les à l'aide d'une fourchette en 2 temps, de façon à obtenir un quadrillage.

Laissez-les sécher une nuit à l'air libre sur une grille et conservez-les ensuite dans une boîte hermétique.

Vous pouvez aussi les tremper dans du chocolat fondant pour les enrober.

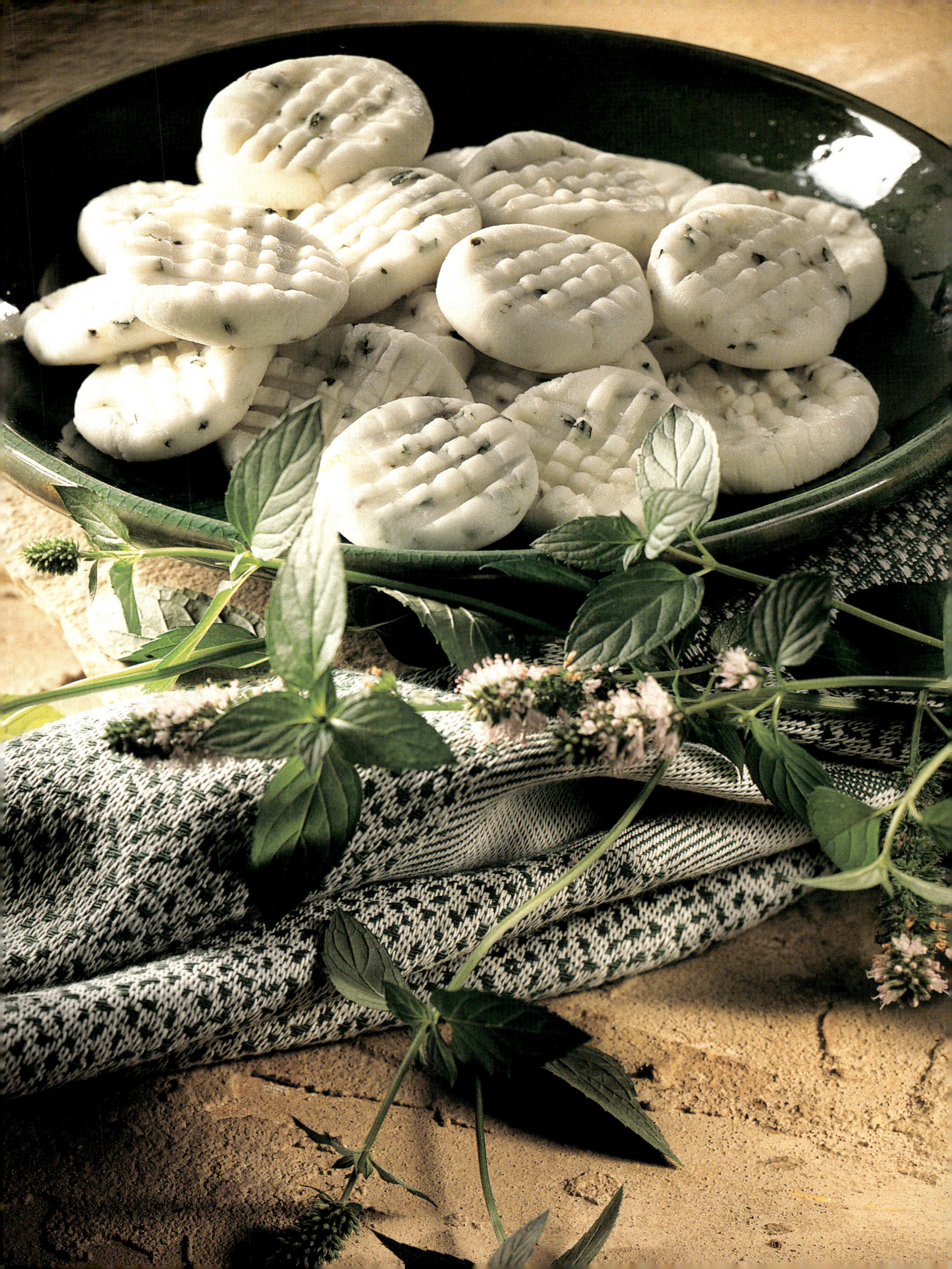

TRÈFLE [PHOTO CI-CONTRE]

Fromage frais aux fleurs de trèfle

Pour 4 personnes

500 grammes de fromage frais bien égoutté

4 poignées de fleurs et jeunes feuilles de trèfle

Poivre

Mélangez le fromage aux fleurs et feuilles à l'aide d'une fourchette.

Parfumez avec du poivre.

Servez ce fromage avec d'épaisses tranches de pain de campagne grillées.

La réussite de cette recette dépend entièrement de la qualité du fromage frais. Préférez un fromage formé à la louche ou artisanal.

Fromage frais aux poires en corolle de rose trémière

Pour 4 personnes

8 corolles de roses trémières

2 poires bien mûres

Jus d'1/4 de citron

200 grammes de fromage blanc

4 cuillerées à soupe de sucre cristallisé

1 pincée de cannelle

4 cuillerées à soupe de crème Chantilly

Ôtez toute partie blanche ou verte de la fleur pour ne garder que la corolle.

Pelez les poires et coupez la chair en petits morceaux.

Ajoutez-les au fromage blanc et incorporez le sucre et la cannelle.

Mélangez-y doucement la crème Chantilly.

Dressez ce mélange délicatement dans les corolles et servez aussitôt.

Si vous utilisez des corolles de couleurs différentes, le plat n'en sera que plus estival.

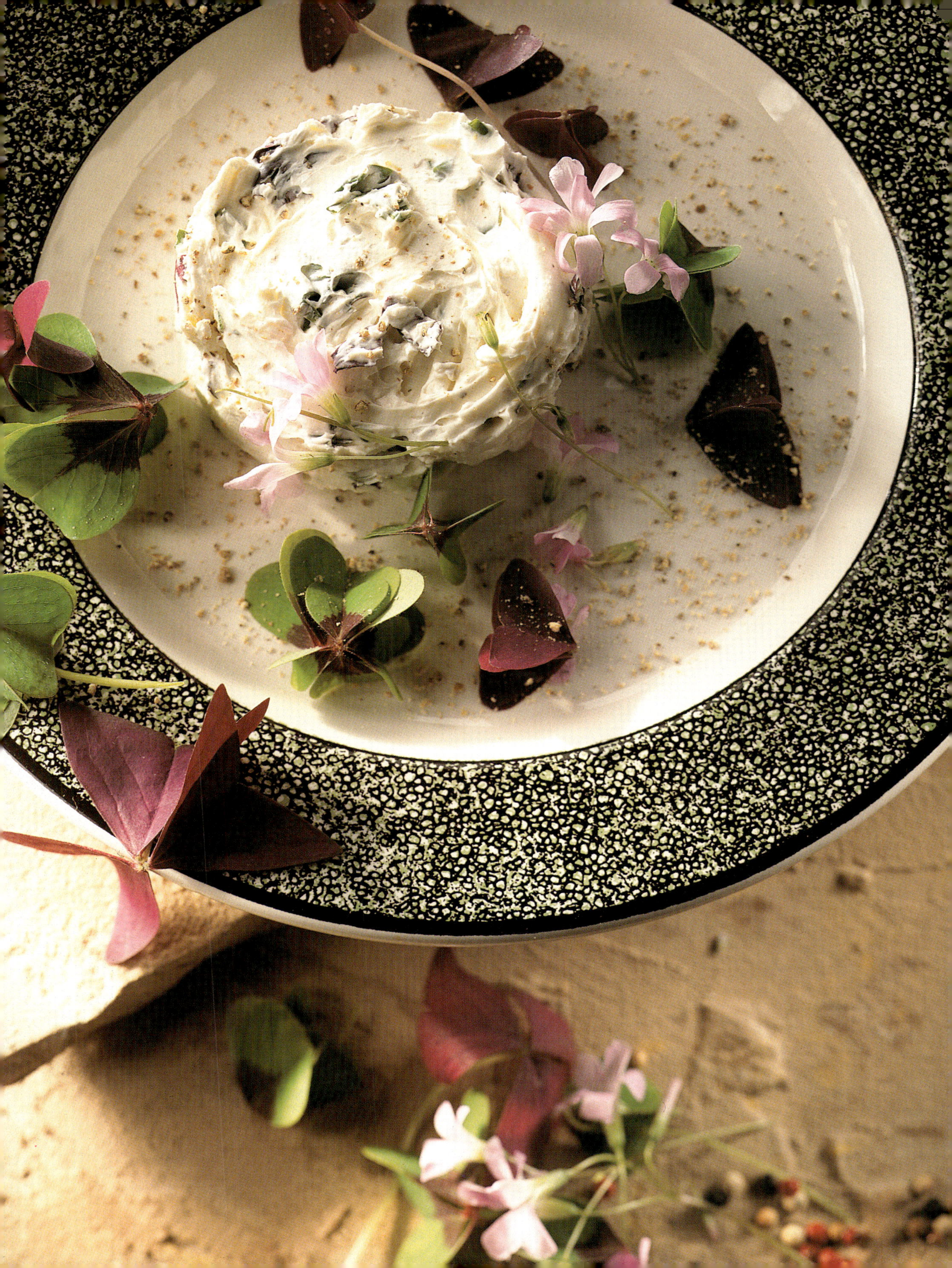

Gelée de sureau aux fraises et fuchsias

1 Faites prendre la gelée dans le fond du moule.

2 Posez les corolles de fuschias sur la gelée.

3 Mettez les fraises coupées en morceaux dans le moule.

4 Servez démoulé.

> **Pour 1 litre**
>
> 2 décilitres de jus de baies de sureau
> 75 grammes de sucre cristallisé
> 6 feuilles de gélatine
> 200 grammes de petites fraises
> 15 fleurs de fuchsias

Chauffez le jus des baies avec le sucre dans un confiturier en cuivre ou en émail jusqu'à obtention d'un sirop lié.

Ajoutez 7 décilitres d'eau bouillie pour obtenir un sirop au goût agréable.

Trempez la gélatine dans un fond d'eau froide et faites-la fondre dans ce sirop chaud.

Effeuillez les fuchsias, pour ôter toute partie verte et amère, sans abîmer les corolles.

Faites prendre 1 cm de gelée dans le fond du moule. Posez les fleurs dessus et recouvrez-les de gelée. Laissez prendre au réfrigérateur.

Mettez les fraises coupées en morceaux dans le moule. Couvrez-les également de gelée et laissez prendre toute la nuit.

Servez démoulé en guise de goûter ou d'entremets.

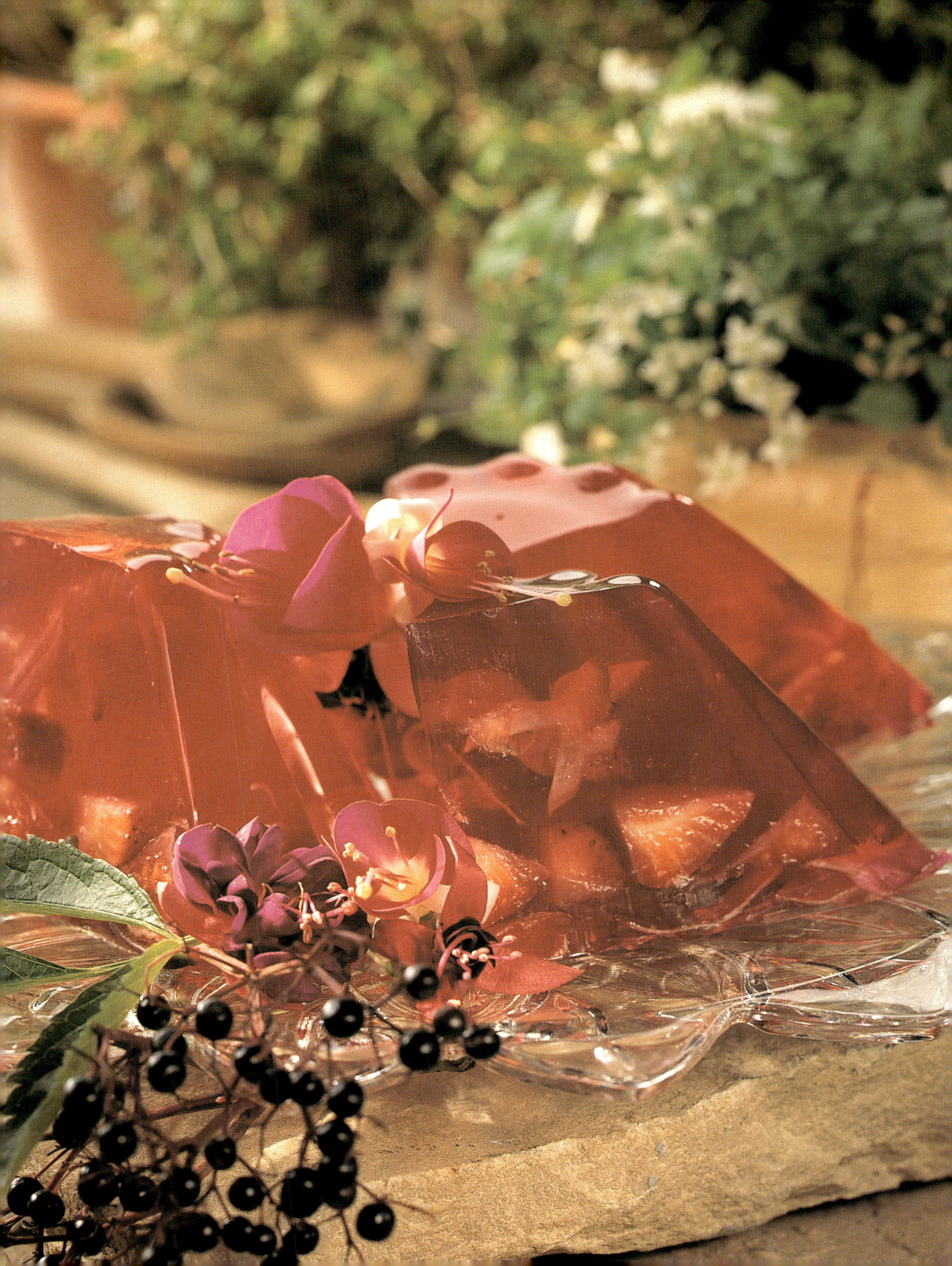

Gelée de pétales de roses

Pour 8 pots de 250 grammes

2 kilogrammes de pommes
1,5 kilogrammes de sucre cristallisé
5 poignées de pétales
1 poignée de pétales pour décorer

Pour toutes les préparations à base de roses, nous vous conseillons d'effeuiller les fleurs et de couper la partie blanche des pétales qui est amère.

Coupez les pommes en morceaux sans les peler et couvrez-les d'eau.

Faites-les cuire 40 minutes à petits bouillons et filtrez-les dans une mousseline double. Comptez une nuit pour bien les égoutter.

Le lendemain, versez 500 grammes de sucre par 1/2 litre de jus et laissez fondre à feu doux.

Mettez les 5 poignées de pétales de roses dans un nouet de mousseline et laissez infuser pendant 20 minutes.

Ôtez le nouet et ajoutez les pétales pour la décoration.

Versez ensuite dans des pots hermétiques et ébouillantés.

N'oubliez pas d'étiqueter et d'indiquer la date de préparation.

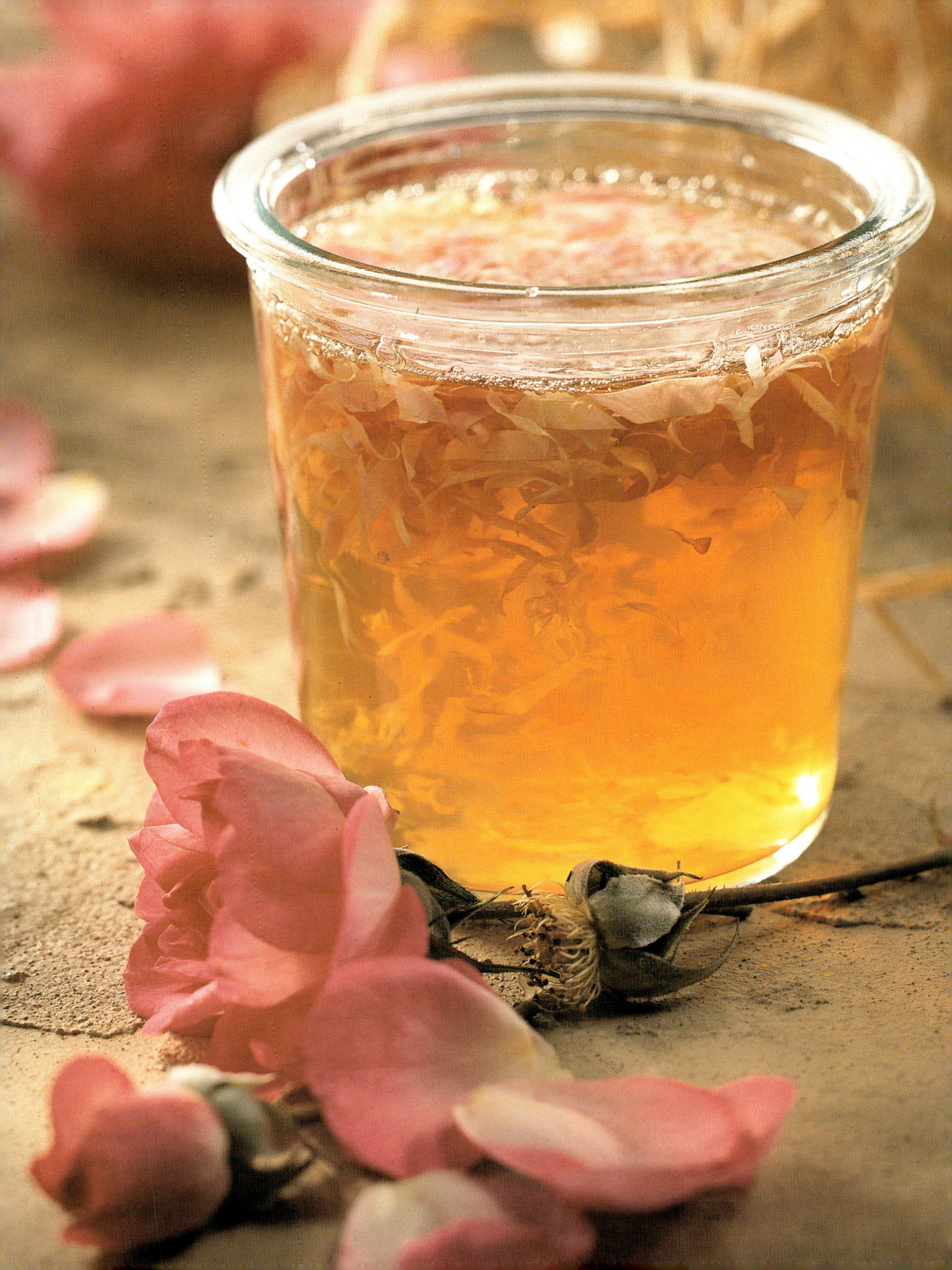

Huile à la monarde

Pour 1 litre

15 fleurs de monarde
1 litre d'huile de pépins de raisins

Choisissez une bouteille qui se ferme de préférence d'un bouchon en liège.

Coupez les fleurs sous la corolle ou effeuillez-les. Mettez-les dans la bouteille lavée et séchée.

Versez-y l'huile et fermez bien.

Vérifiez que les fleurs sont entièrement couvertes. Remuez le flacon si ce n'est pas le cas.

Laissez reposer cette huile au moins 8 jours avant de l'utiliser pour parfumer les salades vertes ou les grillades de poisson, par exemple.

Conservez cette huile à l'abri de la lumière.

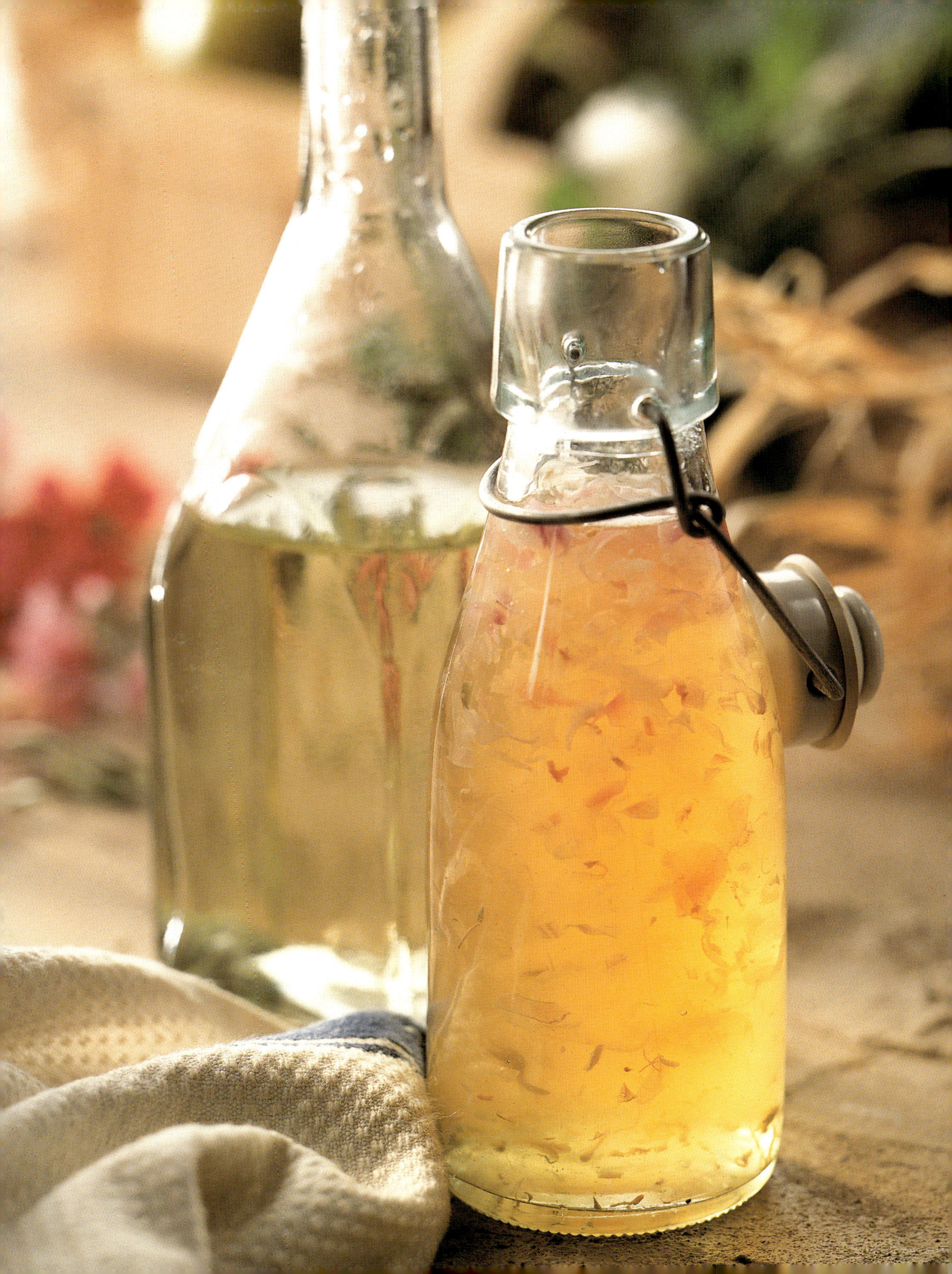

Infusion à la valériane

Comptez une belle ombelle de valériane fraîche par tasse

Versez l'eau bouillante sur la valériane et laissez infuser.

Ajoutez à cette tisane un sucre parfumé à la lavande ou un miel aux pissenlits (*voir* recettes pages 72 et 52).

Les tisanes peuvent se faire avec des fleurs fraîches ou séchées. Beaucoup de fleurs comestibles se prêtent parfaitement au séchage, comme le font aussi les herbes. Comptez une cuillerée à café de fleurs ou herbes séchées par tasse.

Nous ne donnons qu'une recette d'infusion, qui nous plaît particulièrement, mais nous omettons sans doute les meilleures : jacinthe, boutons de roses, sureau, lavande, bruyère, fleurs de tilleul, etc.

Limonade au sirop de fleur de sureau

Mettez uniquement les fleurs des hampes dans le fond d'un plat.

Coupez les citrons en fines tranches et posez-les dessus.

Saupoudrez de sucre, couvrez et laissez mariner une nuit à température ambiante.

Versez le tout dans une casserole avec le litre d'eau et faites fondre le sucre qui ne l'est pas encore. Ne laissez pas bouillir et remuez souvent.

Filtrez et pressez bien pour extraire un maximum de parfum. Transvasez dans une bouteille hermétique.

Versez ce sirop dans des verres ou une carafe et ajoutez l'eau pétillante bien fraîche, au moment de servir.

Ce sirop se conserve plusieurs semaines dans une bouteille au réfrigérateur.

Pour 4 litres

40 hampes de fleurs de sureau

3 citrons

300 grammes de sucre cristallisé

1 litre d'eau minérale

3 litres d'eau pétillante

Méli-mélo de betteraves rouges, harengs et fleurs de fenouil

Pour 4 personnes

2 betteraves rouges cuites au naturel

4 filets de harengs au vinaigre

2 pieds de fenouil

2 cuillerées à soupe d'huile d'olive

4 ombelles de fenouil

Poivre, sel

Pour la sauce

4 cuillerées à soupe de mayonnaise

4 cuillerées à soupe de yaourt

1 cuillerée à soupe de moutarde forte

1 cuillerée à soupe de graines de fenouil

Poivre, sel

Coupez les pieds de fenouil en deux et ôtez le centre dur. Détaillez-les en tranches et faites-les cuire dans un fond d'eau avec l'huile, poivre et sel.

Comptez environ 3 minutes. Égouttez-les.

Coupez les betteraves en tranches et les filets de harengs en morceaux.

Dressez les harengs, betteraves et fenouils sur des assiettes ou un plat.

Montez la sauce en mélangeant mayonnaise, moutarde et yaourt. Parfumez avec les graines concassées au mortier, poivrez et salez.

Répartissez la sauce sur le méli-mélo puis décorez avec les ombelles. Servez frais.

Un peu d'aneth haché dans la sauce donnera une saveur nordique à ce plat.

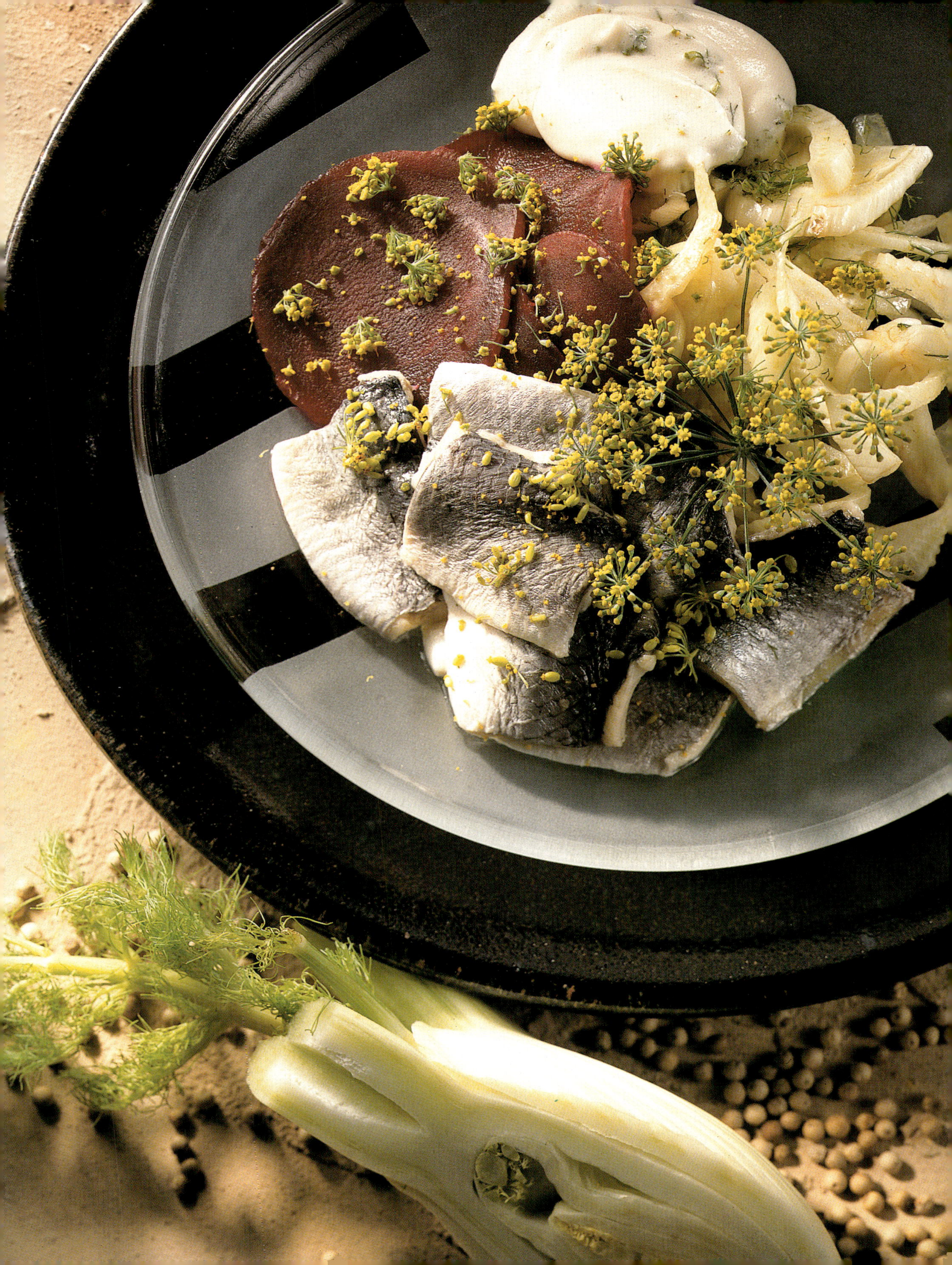

Miel aux pissenlits

Pour 1/2 litre

1/2 litre de miel
10 fleurs de pissenlits écloses du jour

Coupez les tiges sous la corolle.

Posez les fleurs dans le fond du bocal.

Versez le miel dessus. Les fleurs remontent vers le haut.

Fermez le pot et retournez-le.

Remettez-le droit le lendemain.

Retournez le pot tous les jours.

Le miel sera bien parfumé lorsque les fleurs resteront au fond du pot.

Ce miel se déguste sur du pain grillé, mais aussi dans toutes les autres préparations où vous l'utilisez. Il est très apprécié pour parfumer les thés et tisanes.

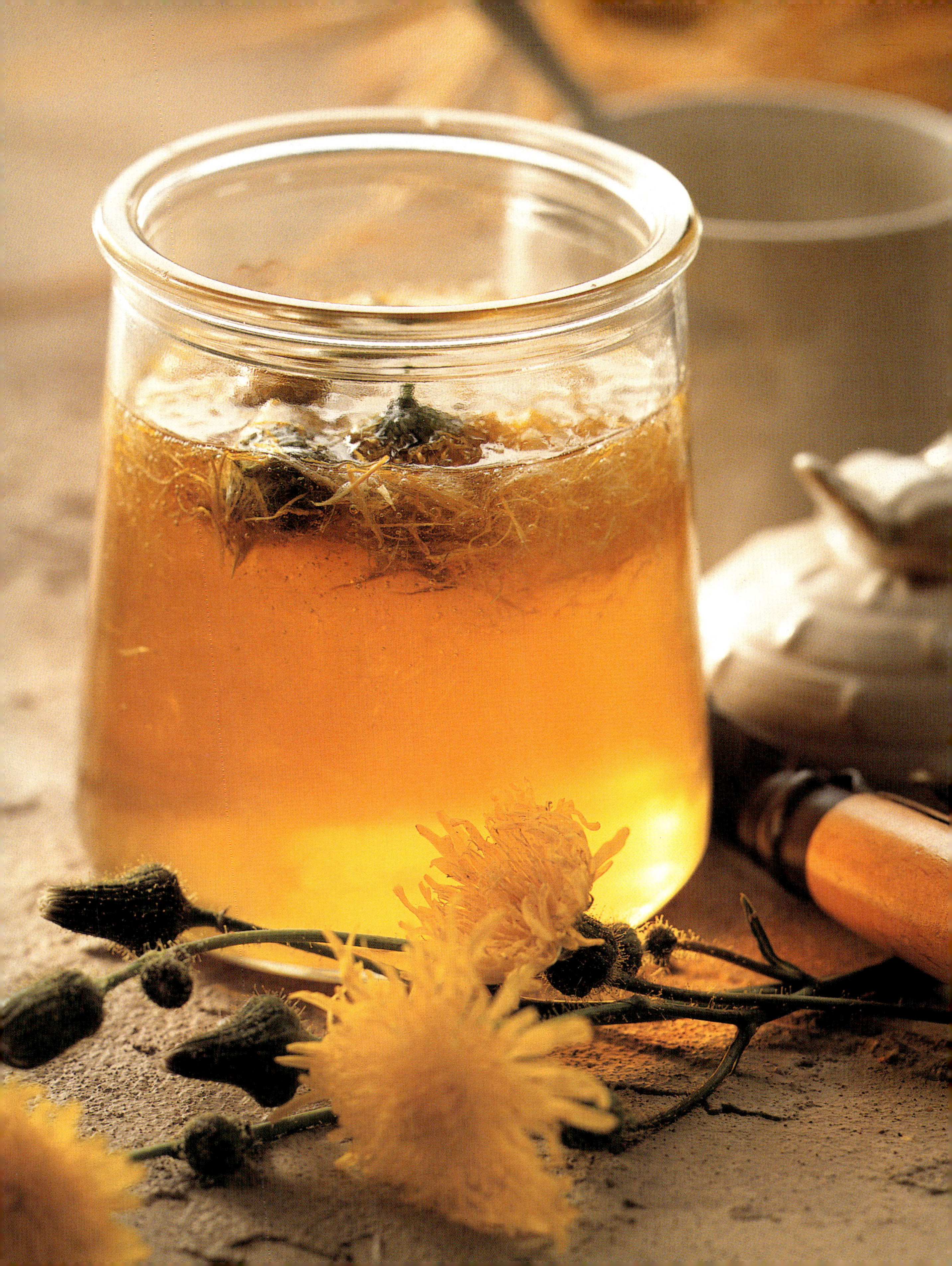

Pâtes tièdes à l'onagre

Pour 4 personnes

2 hampes d'onagre

200 grammes de petites pâtes cuites tièdes

2 cuillerées à soupe de ciboulette hachée

4 cuillerées à soupe de pignons de pin grillés

4 cuillerées à soupe d'huile d'olive

2 cuillerées à soupe de vinaigre de vin blanc

Poivre fraîchement moulu

Effeuillez les hampes de façon à ne garder que les petits boutons entiers et les pétales des fleurs les plus grandes.

Ajoutez l'huile et le vinaigre aux pâtes, parfumez avec la ciboulette et le poivre.

Mélangez-y les pignons grillés, les pétales et les boutons.

Tout vinaigre parfumé donnera un caractère différent à ce plat très facile à réaliser.

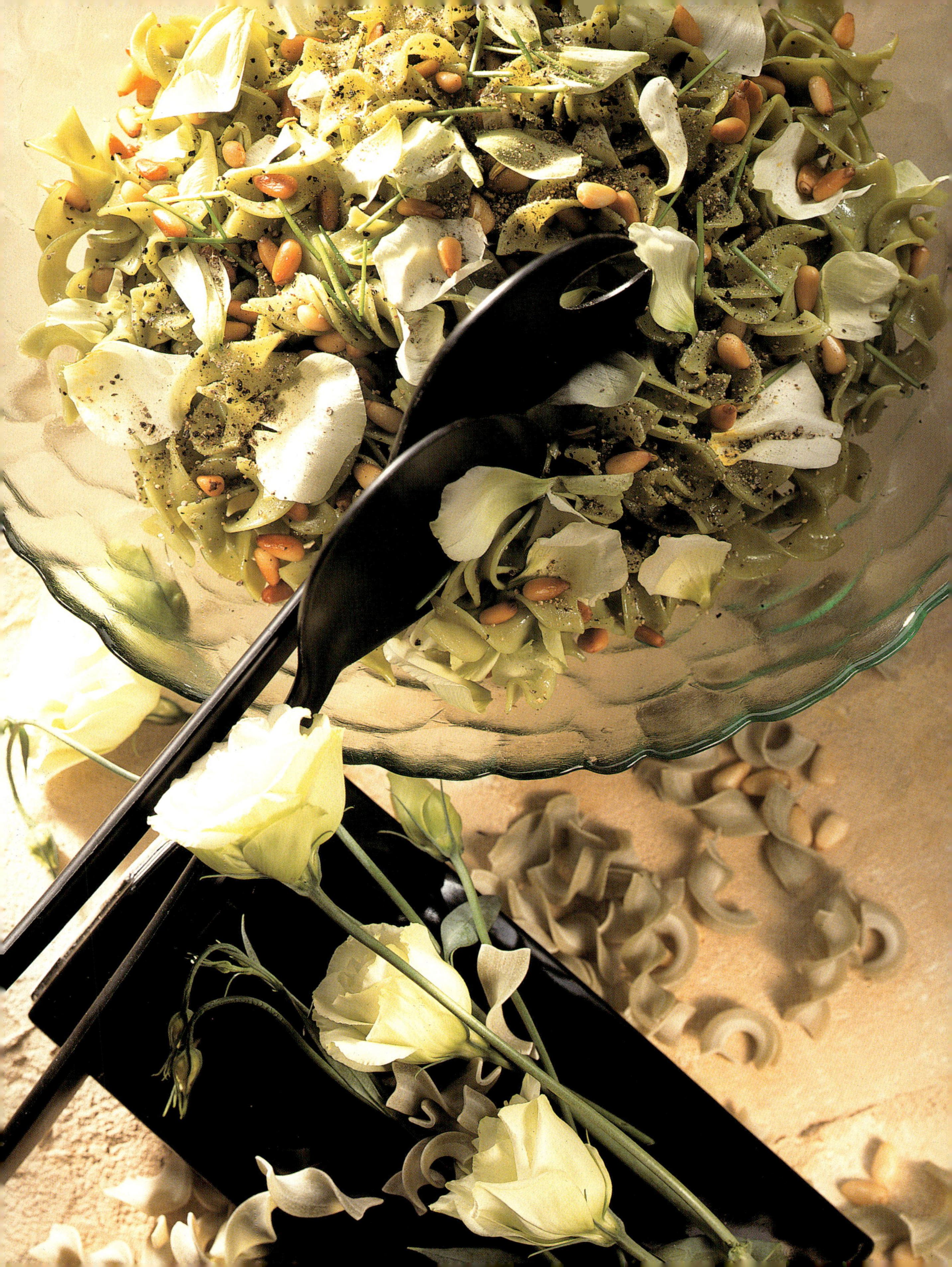

BOURRACHE

[PHOTO CI-CONTRE]

Pétillant à la bourrache

Mettez dans le fond d'un plat creux les fleurs, couvrez-les avec le citron coupé en tranches et saupoudrez du sucre.

Versez l'eau minérale et laissez macérer à température ambiante pendant une nuit.

Chauffez sans faire bouillir pour dissoudre entièrement le sucre, filtrez, puis transvasez ce sirop dans une carafe. Réservez au réfrigérateur.

Ajoutez l'eau pétillante au moment de servir.

Pour un bel effet, vous pouvez faire des glaçons aux fleurs de bourrache : il suffit d'ajouter les fleurs avant de faire prendre les glaçons.

Pensées cristallisées

1 A l'aide d'un pinceau, passez chaque fleur au blanc d'œuf.

2 Saupoudrez délicatement chaque fleur de sucre.

3 Posez les fleurs sur une plaque métallique.

Pour 20 fleurs

20 fleurs de pensées sans tige
1 blanc d'œuf
Sucre cristallisé

Battez légèrement, à l'aide d'une fourchette, le blanc d'œuf.

Passez une à une chaque fleur au blanc d'œuf, sur les deux faces.

Pour 1 litre

3 poignées de fleurs et de jeunes feuilles de bourrache

1 citron

3 cuillerées à soupe de sucre cristallisé

3 décilitres d'eau minérale

3/4 litre d'eau pétillante bien fraîche

Saupoudrez délicatement de sucre et faites tomber le surplus.

Posez ensuite les pensées sur une grille ou une plaque métallique trouée et faites sécher au four à 100 °C. Les fleurs doivent être sèches et croquantes. Comptez 25 minutes pour des pensées de taille moyenne.

Les fleurs se conservent quelques jours dans une boîte hermétique.

Toutes les fleurs comestibles peuvent être ainsi traitées et servir de décoration sur votre table ou dans vos plats. Pour un beau résultat, mieux vaut utiliser les petites fleurs entières et effeuiller les grandes. Plus la fleur est grande, plus elle est difficile à manipuler.

Ratafia de pommes à la camomille

Pour 2 litres

3 pommes

2 poignées de fleurs de camomille

500 grammes de sucre cristallisé

1 litre d'alcool pour fruits

Ôtez le centre des pommes non pelées et coupez-les en tranches d'1 cm environ.

Posez une couche de pommes dans le fond du bocal.

Saupoudrez d'une couche de sucre, puis d'une couche de fleurs.

Recommencez cette opération jusqu'aux 3/4 du bocal.

Ajoutez l'alcool et fermez.

Laissez macérer à la lumière du jour 12 à 15 jours.

Filtrez et conservez dans une bouteille hermétique étiquetée et datée.

Vous pouvez réaliser cette recette avec des fleurs fraîches ou des fleurs séchées. Comptez dans ce dernier cas 100 grammes de fleurs.

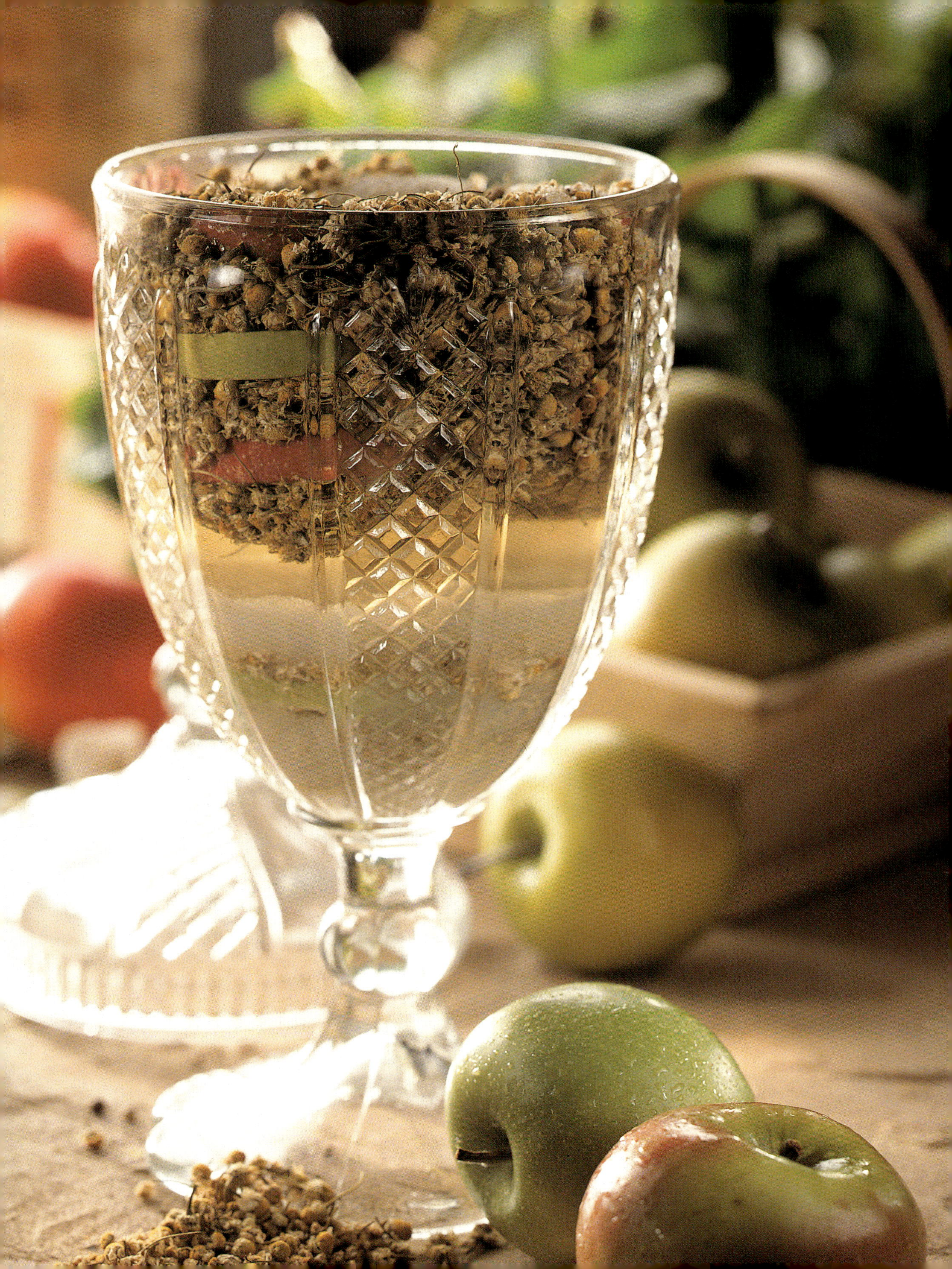

Salade de saumon et de flétan fumé aux fleurs d'aneth

Pour 4 personnes

4 tranches de saumon fumé
4 tranches de flétan fumé
1 beau bouquet de cresson
1 cœur de laitue
2 grosses fleurs d'aneth
Poivre du moulin

Pour la sauce

2 décilitres de crème fraîche allégée
1 citron pressé
1 cuillerée à soupe d'aneth haché
Poivre fraîchement moulu

Mélangez la crème avec le jus de citron, le poivre et l'aneth haché.

Réservez au réfrigérateur.

Nettoyez le cresson en coupant le gros des tiges.

Ciselez le cœur de laitue et dressez-le au milieu du plat ou des assiettes à votre convenance.

Disposez les tranches de poisson et le cresson autour.

Dressez ensuite la sauce et décorez avec les fleurs.

Parfumez avec quelques tours de moulin à poivre.

Servez avec 1 citron coupé en tranches et du pain grillé.

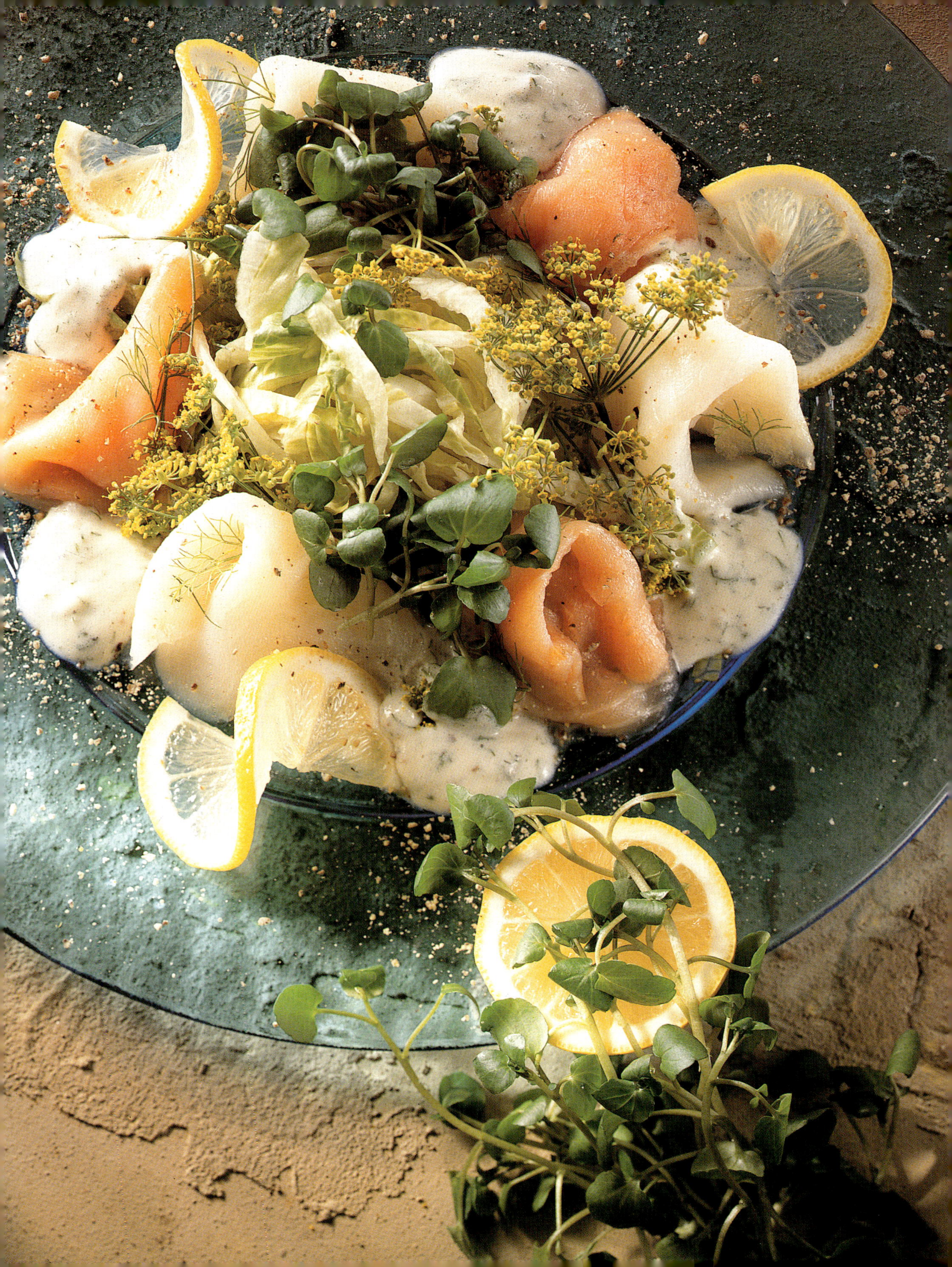

Salade de capucines au chou et lardons

Coupez le chou vert en lanières et faites-les cuire dans un fond d'eau. Égouttez.

Faites cuire les lardons, ajoutez-y le chou et l'huile. Faites rissoler le tout pendant 5 minutes.

Salez, poivrez. Laissez tiédir.

Faites cuire les pommes de terre et coupez-les en dés. Mélangez au chou.

Coupez le cœur de la laitue et les feuilles de capucine en lanières et dressez-les dans le fond d'un plat de service. Ajoutez-y ensuite le chou et les pommes de terre.

Mélangez les ingrédients de la vinaigrette et versez sur la salade.

Décorez de fleurs et servez aussitôt.

[PHOTO CI-CONTRE]

Salade de champignons aux dahlias

Jetez les champignons dans l'eau bouillante. Attendez la nouvelle ébullition et jetez l'eau.

Rafraîchissez les champignons sous l'eau froide et laissez-les égoutter.

Coupez-les en tranches et arrosez-les avec le jus de citron.

Taillez le pain en dés et faites-les frire dans une huile très chaude. Égouttez-les sur du papier absorbant.

Préparez la sauce en mélangeant huile, vinaigre, ciboulette et oignon hachés fins. Salez, poivrez et parfumez de poivre rose.

Versez cette sauce sur les champignons et garnissez le plat avec les croûtons et les pétales de dahlias.

Pour 6 personnes

1 cœur de laitue pommée

1 petit chou vert

200 grammes de lardons

2 cuillerées à soupe d'huile d'olive

4 pommes de terre

20 fleurs de capucine et quelques jeunes feuilles

Sel, poivre

Pour la vinaigrette

3 cuillerées à soupe de moutarde à l'ancienne

4 cuillerées à soupe d'huile d'olive

Jus d'1/2 citron

Pour 4 personnes

250 grammes de champignons de Paris

1 jus de citron

2 tranches de pain de mie

4 dahlias

Pour la sauce

4 brins de ciboulette

1 oignon nouveau

4 cuillerées à soupe d'huile

2 cuillerées à soupe de vinaigre de vin blanc

Sel

Poivre rose

Salade aux graines et pétales de pavots

1 Préparez la sauce.

2 Coupez le brocoli en bouquets.

3 Coupez la salade en lanières.

Pour 4 personnes

300 grammes de jeunes épinards

200 grammes de mange-tout

1 bouquet de brocoli

1 cœur de salade frisée verte

8 fleurs de pavots

Pour la sauce

3 cuillerées à soupe de graines de pavots

8 cuillerées d'huile d'olive

4 cuillerées de vinaigre de vin rouge

100 grammes de framboises

Réduisez les framboises en purée et ajoutez-y l'huile, le vinaigre et les graines.

Laissez reposer au réfrigérateur.

Blanchissez les mange-tout et le brocoli coupé en bouquets.

Lavez et coupez le cœur de la salade en lanières.

Rincez les épinards. Mélangez épinards et salade.

Dressez ce mélange dans un plat avec les mange-tout et les bouquets de brocoli.

Versez la sauce sur les légumes et ajoutez-y les pétales des fleurs de pavots.

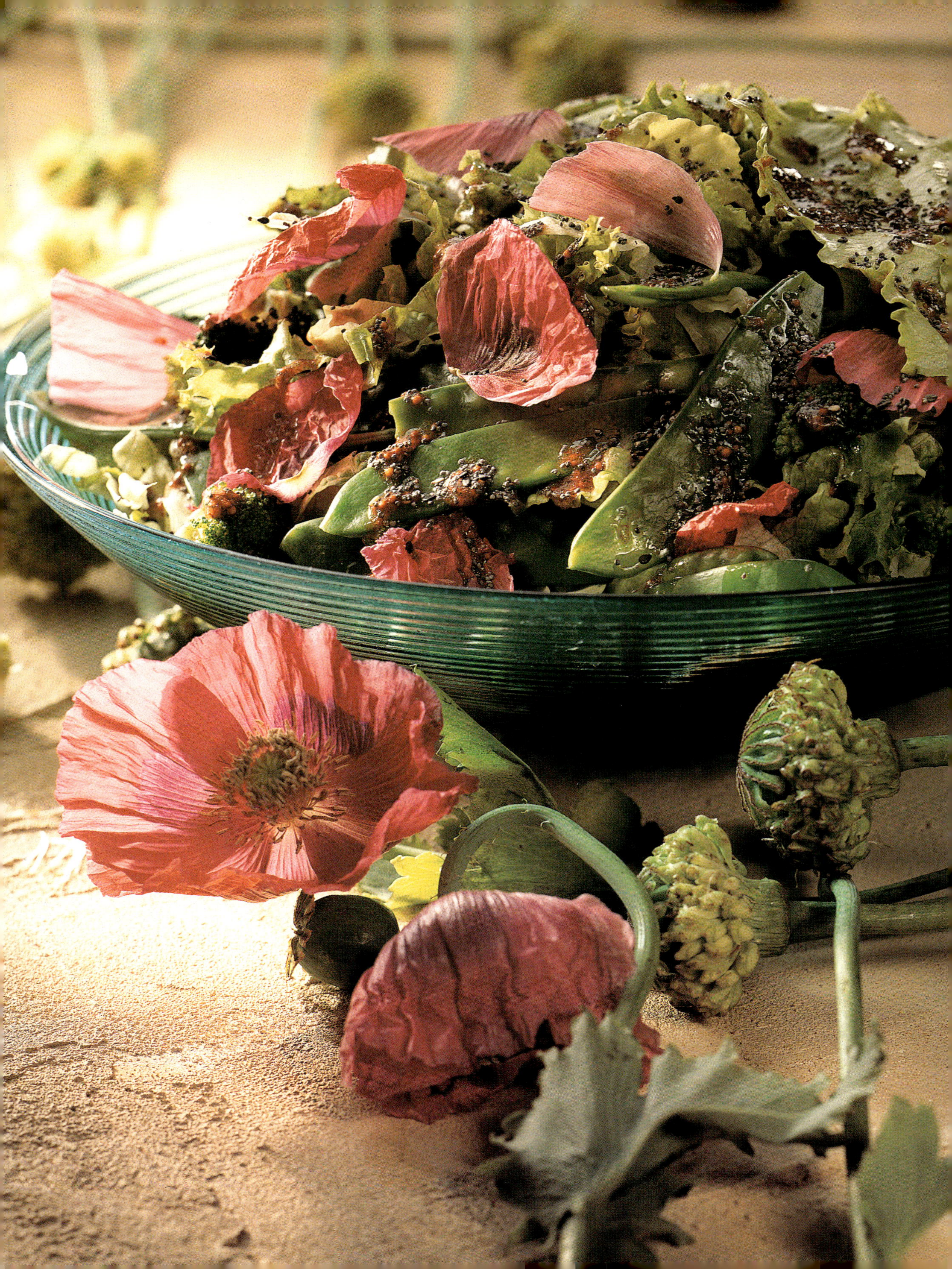

Salade de melons aux phlox cristallisés

Pour 8 personnes

2 branches de phlox
Sucre cristallisé + 1 blanc d'œuf
1 melon Galia
1 melon charentais
1 melon d'Espagne
1 décilitre de sherry
2 décilitres de porto
6 cuillerées à soupe de sucre de canne

Détachez les fleurs de phlox et cristallisez-les (*voir* recette page 56).

Coupez les melons en deux et épépinez-les.

Videz-les à l'aide d'une cuillère parisienne ou pelez-les, et coupez ensuite la chair en dés de taille égale.

Mélangez les différentes sortes de melons dans un saladier et parfumez avec le porto, le sherry et le sucre de canne.

Laissez rafraîchir.

Dressez dans un plat de service et décorez avec les phlox au moment de servir.

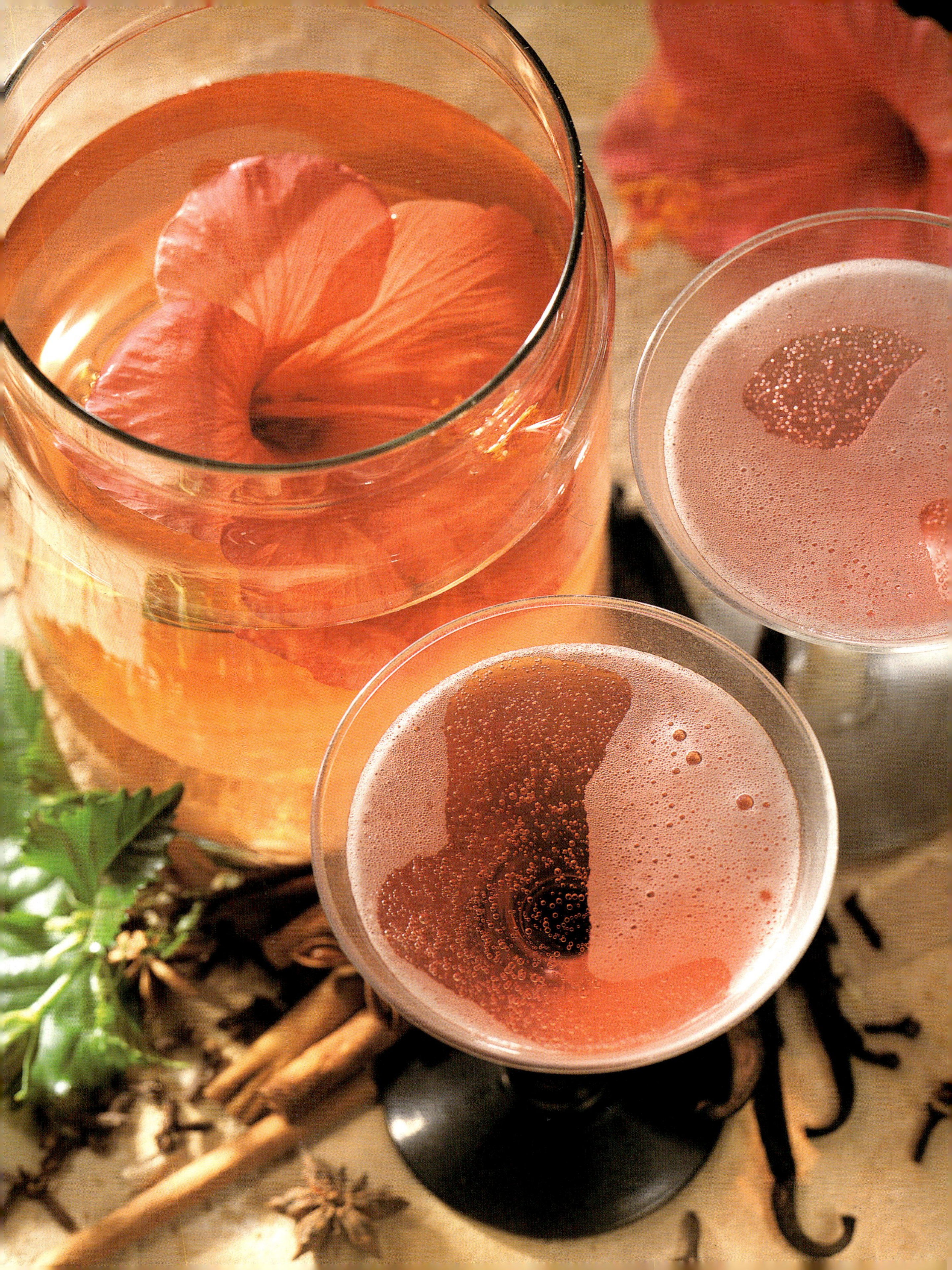

Sorbet de fleurs d'angélique et son confit

**Pour 5 morceaux
de confit de 20 centimètres**

250 grammes de tiges tendres d'angélique

500 grammes de sucre cristallisé

3 cuillerées à soupe de sucre glace

Sel

Ébouillantez les tiges dans l'eau avec une pincée de sel et pelez-les.

Faites-les tremper dans l'eau froide.

Faites fondre le sucre dans de l'eau à feu doux pour obtenir un sirop épais.

Ajoutez les tiges et faites bouillir. Éteignez le feu et laissez reposer 24 heures.

Faites bouillir et refroidir cette préparation encore 3 fois. Vérifiez que le sucre ne chauffe jamais à plus de 110 °C.

Le dernier jour, sortez les tiges du sirop et faites-les égoutter sur une grille.

Saupoudrez-les de sucre glace et passez-les au four à 100 °C pour les faire sécher entièrement et conservez-les dans une boîte hermétique.

Ce confit peut s'utiliser comme fruit confit dans les gâteaux ou les confiseries.

Pour un litre de sorbet

1/2 litre de crème glacée à la vanille
4 blancs d'œufs battus en neige
1/4 litre de crème fraîche
4 belles ombelles d'angélique
Le sirop de cuisson du confit

Mélangez la crème glacée ramollie avec le sirop de cuisson du confit, la crème fraîche montée en chantilly et les fleurs hachées grossièrement.

Ajoutez les blancs et faites prendre le tout à la sorbetière ou au congélateur en remuant à la fourchette toutes les 15 minutes pendant 1 heure 30.

Dressez le sorbet dans des coupes et décorez-le de morceaux de tiges confites.

LAVANDE

Sucre à la lavande

1 Effeuillez la lavande.

2 Mettez une couche de sucre dans un bocal hermétique.

3 Puis une couche de fleurs.

Pour 1 kilogramme

1 kilogramme de sucre cristallisé
150 grammes de fleurs de lavande

Cueillez quelques brins de lavande en fleur et laissez sècher quelques jours.

Séparez les fleurs des tiges en faisant glisser ces dernières entre deux doigts.

Alternez les couches de sucre et de fleurs dans un bocal hermétique.

Laissez reposer au moins 8 jours.

Ce sucre s'utilise pour parfumer desserts, glaces, thés, tisanes…

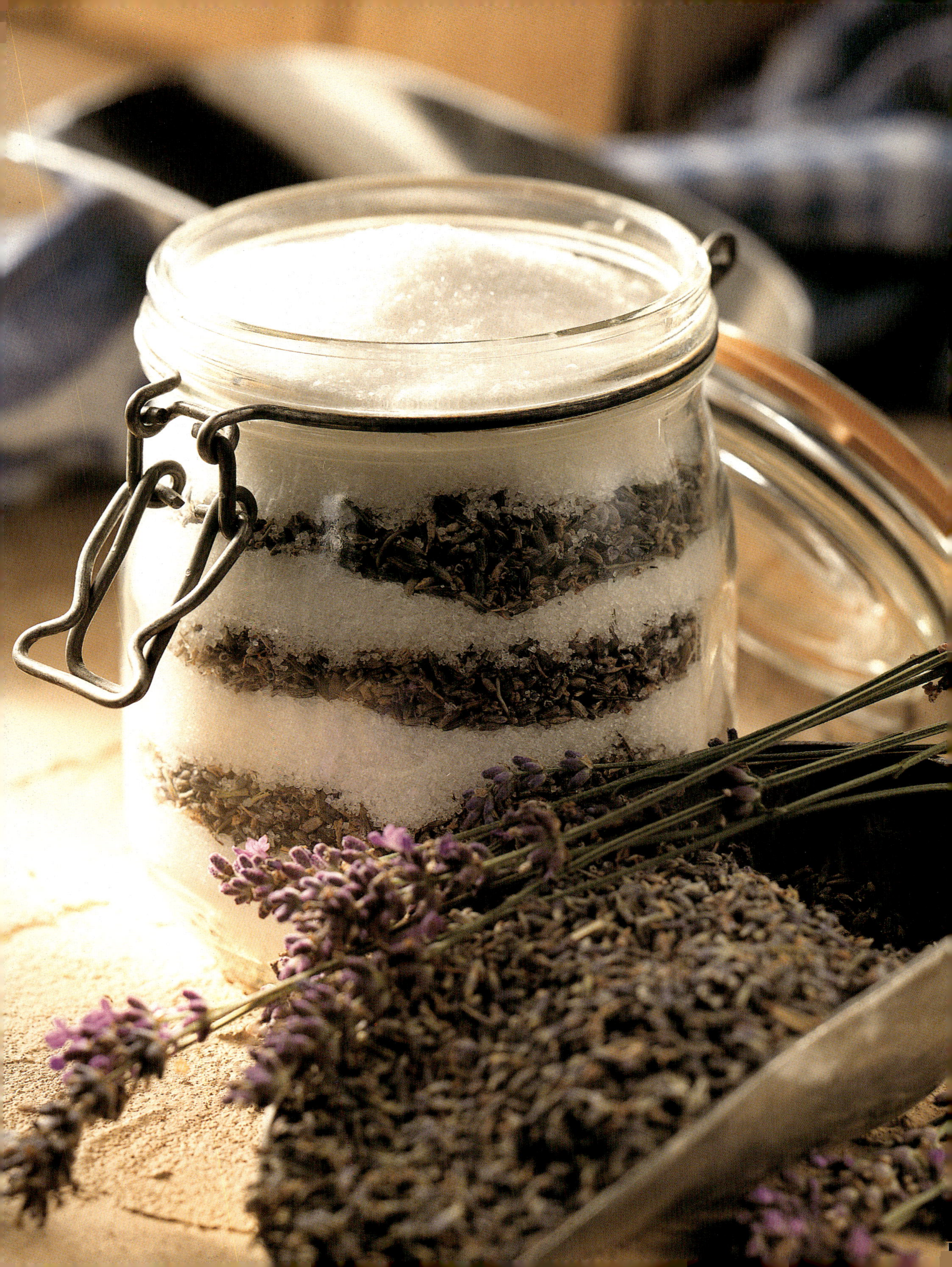

Trifle aux fruits de la passion et aux passiflores

Pour 8 personnes

Pour le cake

4 œufs
250 grammes de beurre
250 grammes de sucre cristallisé
250 grammes de farine
1 pincée de sel

Pour la crème

3 œufs entiers
3 jaunes
200 grammes de sucre cristallisé
3 décilitres de lait
8 fruits de la passion bien mûrs
8 fleurs de passiflores

Faites le cake la veille en mélangeant le beurre fondu, le sucre, la farine puis les jaunes d'œufs.

Battez les blancs en neige avec une pincée de sel et ajoutez-les délicatement au reste.

Cuisez l'appareil dans un moule au four préchauffé à 160 °C. Vérifiez la cuisson en piquant le cake d'une brochette : elle sortira sèche quand le cake sera cuit.

Préparez la crème en battant les œufs entiers et les jaunes avec le sucre, jusqu'à obtention d'un appareil blanc et lisse.

Chauffer le lait et ajoutez-le au mélange œufs-sucre dès qu'il bout. Battez bien et faites prendre le tout en fouettant continuellement à feu très doux.

Ôtez du feu à l'obtention d'une bonne consistance et laissez tiédir.

Coupez les fruits de la passion en deux et ajoutez la pulpe à la crème.

Effeuillez les fleurs de passiflores et ajoutez-les délicatement.

Versez un fond de crème dans un plat en verre et couvrez de tranches de cake. Continuez d'alterner les couches jusqu'à épuisement des ingrédients.

Décorez de fleurs de la passion fraîches ou cristallisées (*voir* recette page 56).

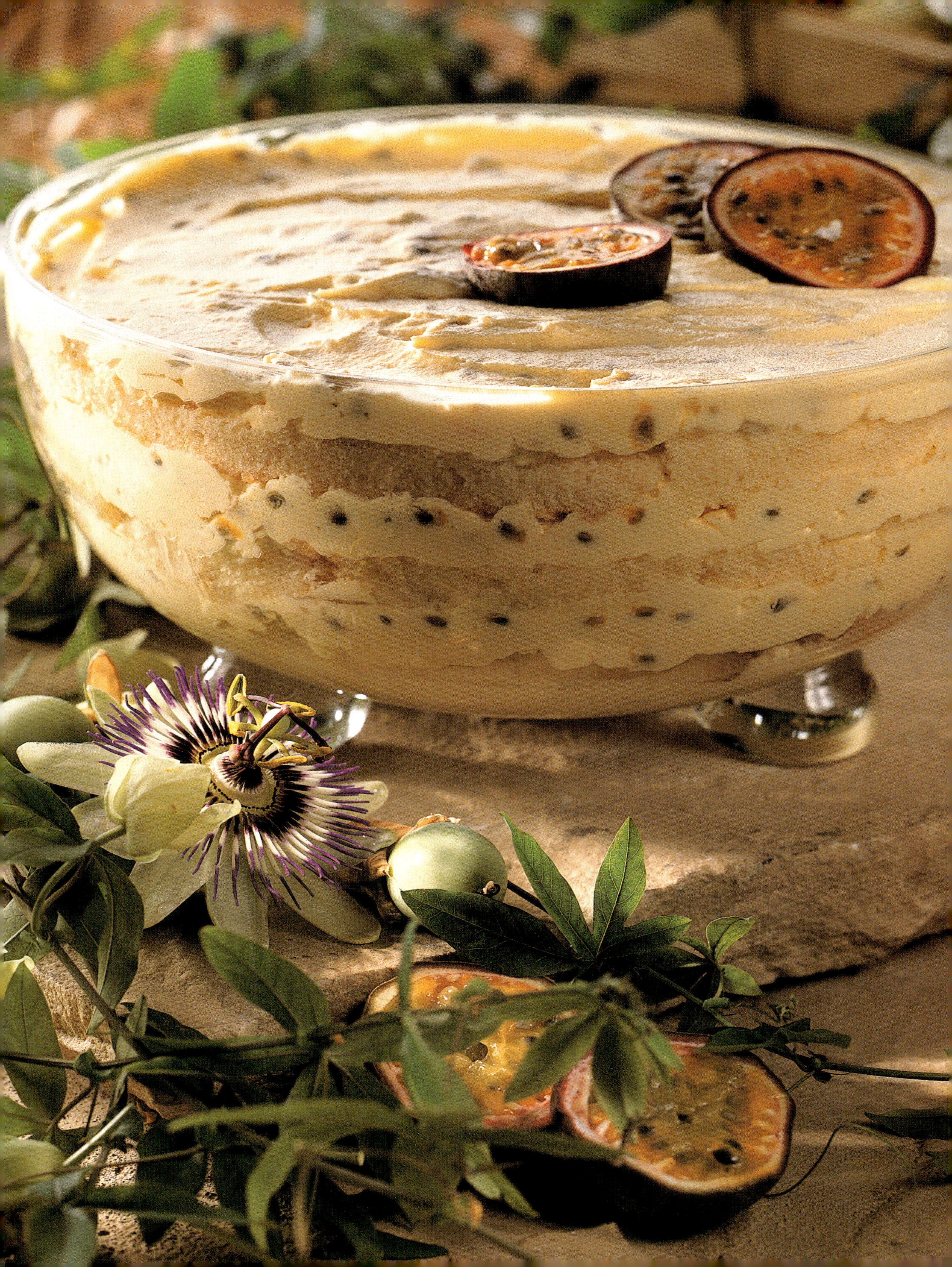

BÉGONIA

Vichyssoise de concombre aux bégonias

1 Portez le bouillon à ébullition.

2 Coupez les concombres et épépinez-les à l'aide d'une cuiller

3 Incorporez la crème et le persil haché au potage refroidi.

4 Parsemez le potage des pétales de bégonias.

Portez le bouillon à ébullition puis ajoutez-y l'ail pelé et laissez cuire 5 minutes.

Coupez les concombres en 2 dans le sens de la longueur. Épépinez-les à l'aide d'une cuillère.

Pelez-les et coupez la chair en morceaux.

Ajoutez-les au bouillon chaud et faites cuire 3 minutes à feu moyen.

Mixez le potage et laissez refroidir.

Ajoutez-y la crème et le persil haché.

Vérifiez l'assaisonnement et ajoutez éventuellement du poivre.

Versez le potage dans les assiettes et parsemez de pétales de bégonias.

Pour 4 personnes

8 fleurs de bégonias

2 concombres

1 litre de bouillon de poule

4 gousses d'ail

2 décilitres de crème fraîche allégée

2 cuillerées à soupe de persil haché

Poivre

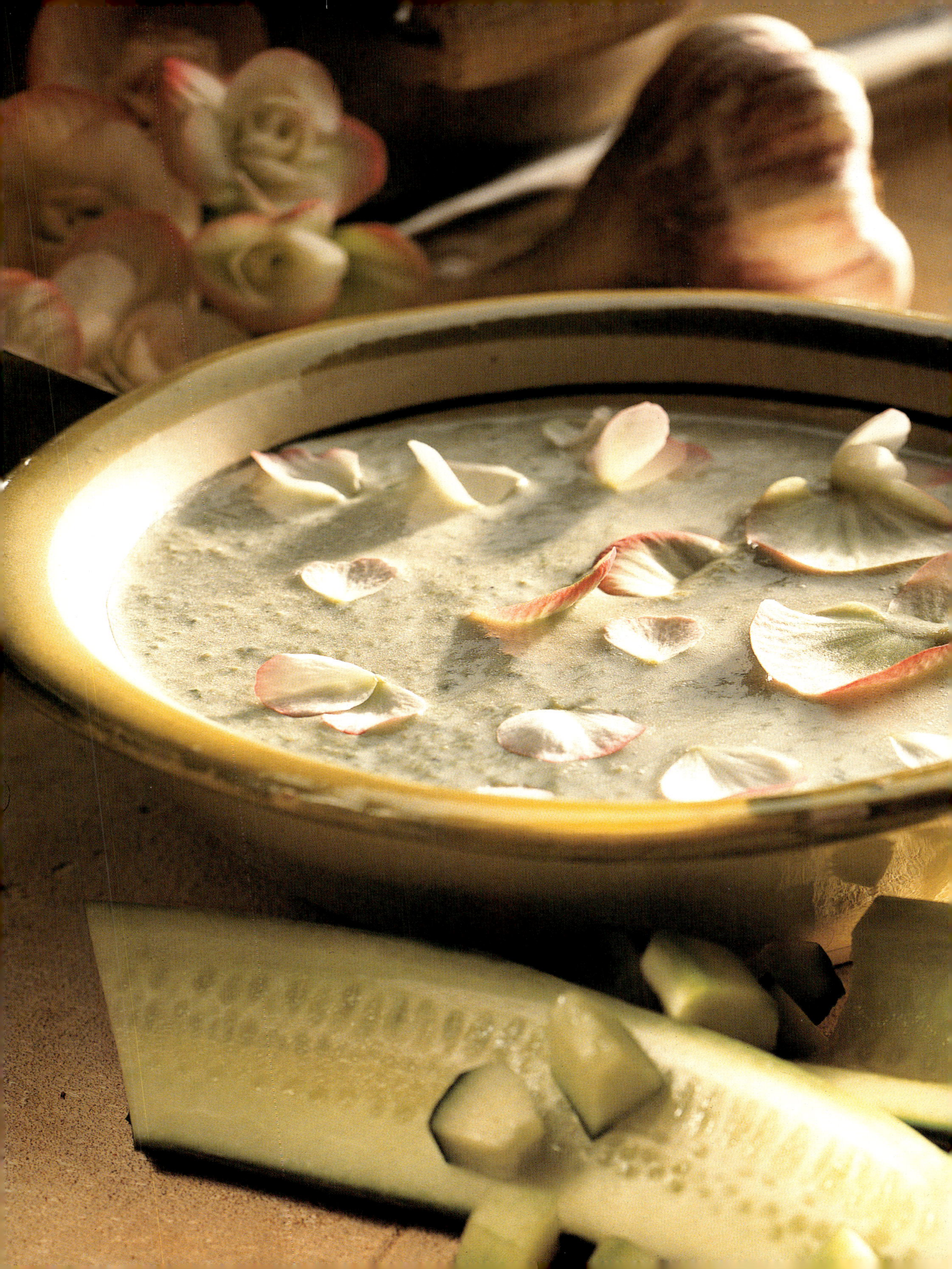

Vinaigre à l'achillée

Pour 1 litre

1 litre de vinaigre de vin blanc
10 grains de poivre gris ou noir
3 belles fleurs d'achillée avec leurs tiges
1 poignée de feuilles d'achillée

Mettez les fleurs et leurs tiges coupées en morceaux dans une bouteille lavée et ébouillantée.

Ajoutez les feuilles.

Couvrez avec le vinaigre et poivrez.

Laissez macérer 3 semaines au moins et filtrez.

Remettez éventuellement une fleur fraîche pour la présentation.

N'oubliez pas d'étiqueter et d'indiquer la date de préparation.

INDEX DES FLEURS UTILISÉES

*Nous reprenons ici les fleurs citées dans ce livre avec leur nom latin.
Nous mentionnons dans certains cas plusieurs variétés avec lesquelles nous avons réalisé les recettes.*

A Achillée 78 — *Achillea millefolium*
Aneth 60 — *Anethum graveolens*
Angélique 70 — *Angelica archangelica*
Artichaut 8 — *Cynara scolymus*

B Basilic 28 — *Ocimum basilicum*
Bégonia 76 — *Begonia semperflorens*
Bourrache 56 — *Borago officinalis*
Bruyère 30, 48 — *Calluna vulgaris*

C Camomille 58 — *Chamomilla suaveolens* / *Chamomilla recutita*
Campanule 20 — *Campanula ranunculus*
Capucine 62 — *Tropaeolum majus*
Chèvrefeuille 7 — *Lonicera fragrantissima* / *Lonicera japonica* / *Lonicera caprifolium*
Chrysanthème 26 — *Chrysanthemum sp.*
Ciboulette 28 — *Allium schoenosprasum* / *Allium tuberosum*
Citronnelle 6 — *Aloysia*
Courgette 36 — *Cucurbita pepo*

D Dahlia 62 — *Dahlia sp.*

F Fenouil 50 — *Foeniculum vulgare*
Fuchsia 42 — *Fuchsia sp.*

G Géranium 14 — *Pelargonium sp.*

H Hibiscus 10, 68 — *Hibiscus syriacus* / *Hibiscus sabdariffa*
Hostas 10 — *Funkia alba* / *Funkia plantaginea*

J Jacinthe 48 — *Hyancinthus orientalis*

L Lavande 48, 72 — *Lavandula angustifolia*

M Magnolia 10 — *Magnolia grandiflora* / *Magnolia stellata* / *Magnolia salicifolia*
Menthe 38 — *Mentha piperata* / *Mentha citrata*
Monarde 46 — *Monarda fistulosa* / *Monarda didyma*

O Œillet 34 — *Dianthus sp.*
Onagre 54 — *Œnothera biennis* / *Œnothera macrocarpa* / *Œnothera erythrosepala*

P Pâquerette 22 — *Bellis perennis*
Passiflore 74 — *Passiflora caerulea* / *Passiflora edulis* / *Passiflora mollissima*
Pavot 64 — *Papaver somniferum*
Pensée 56 — *Viola cornuta* / *Viola odorada* / *Viola tricolor*

Phlox 66 — *Phlox paniculata* / *Phlox drummondii*
Pissenlit 52 — *Taraxacum officinale*

Roquette 32 — *Eruca vesicaria*
Rose 44, 48 — *Rosa sp.*
Rose trémière 40 — *Althæa rosea*

S Sauge 24 — *Salvia officinalis* / *Salvia pratensis* / *Salvia elegans* / *Salvia sclarea*
Soleil 16 — *Helianthus annuus* / *Helianthus decapetalus* / *Helianthus tuberosus*
Souci 12 — *Calendula arvensis* / *Calendula officinalis*
Sureau 42, 48, 49 — *Sambucus nigra*

T Tagète 18 — *Tagetes sp.*
Tilleul 48 — *Tilia*
Trèfle 40 — *Trifolium pratense* / *Trifolium repens*

V Valériane 48 — *Valeriana officinalis*

REMERCIEMENTS

Nous remercions Loes et Mark Renders de Marcus Kruiden à Lier (Belgique) pour toute leur bienveillance :
l'accès inconditionnel à leurs serres et la mise à disposition des fleurs pour les prises de vues.

DANS LA MÊME COLLECTION :

Le Caramel
Marie-Hélène Martin de Clausonne

Le Chocolat
Nicolas Germain

Desserts minceur
Josiane Mongeot

Cuisine aux fruits
Aglaé Blin

Légumes de pays
Véronique de Meyer

Mousses et terrines de légumes
Bruno Savarin

Sauces minceur
Aglaé Blin

Tapas, antipasti et amuse-gueules
Bruno Ballureau

Achevé d'imprimer en avril 2000 par PPO Graphic, 93500 Pantin